Keller
Lernen will gelernt sein!

Verlag Hans Huber
Programmbereich Psychologie

W0052177

Gustav Keller

Lernen will gelernt sein!

Ein hirngerechtes Training für Schüler

Verlag Hans Huber

Programmleitung: Tino Heeg
Lektorat: Eva Henle
Herstellung: Jörg Kleine Büning
Illustration: Dipl. Des. Maja Wagner, Münster
Umschlagillustration: istock photo
Umschlaggestaltung: Claude Borer, Basel
Druckvorstufe: Claudia Wild, Konstanz
Druck und buchbinderische Verarbeitung: AZ Druck und Datentechnik, Kempten
Printed in Germany

Bibliografische Information der Deutschen Nationalbibliothek
Die Deutsche Nationalbibliothek verzeichnet diese Publikation in der Deutschen Nationalbibliografie; detaillierte bibliografische Daten sind im Internet über http://dnb.d-nb.de abrufbar.

Anregungen und Zuschriften bitte an:
Verlag Hans Huber
Lektorat Psychologie
Länggass-Strasse 76
CH-3000 Bern 9
Tel.: 0041 (0)31 300 4500
Fax: 0041 (0)31 300 4593
verlag@hanshuber.com
www.verlag-hanshuber.com

8., ergänzte und überarbeitete Auflage 2013
© 2013 by Verlag Hans Huber, Hogrefe AG, Bern
(E-Book-ISBN [PDF] 978-3-456-95211-6)
(E-Book-ISBN [EPUB] 978-3-456-75211-2)
ISBN 978-3-456-85211-9

Inhaltsverzeichnis

Einleitung

Wie alle Schülerinnen und Schüler möchtest du in der Schule sicherlich Erfolg haben. Um gute Schulleistungen zu erzielen, brauchst du genügend Intelligenz. Möglicherweise ist diese bei dir gut oder sogar sehr gut ausgeprägt. Aber damit bist du nicht automatisch ein guter Schüler. Selbst ein hoher Intelligenzquotient nützt dir nichts, wenn du zu wenig oder falsch lernst. Zum Begreifen und Verstehen müssen die richtige Lernlust und Lerntechnik hinzukommen. Erst dann ist der Lernstoff in deinem Gehirn sicher verankert. Dies hat schon der berühmte Physiker Albert Einstein erkannt. Als er einmal gefragt wurde, wie er zu seinen großen Entdeckungen gelangt sei, antwortete er: «Zu 90 Prozent durch Schwitzen und zu 10 Prozent durch Einfälle.» Also auch in der Forschung muss viel gelernt und gearbeitet werden.

Es gibt nicht den geborenen Lerner, sondern das Lernen will gelernt sein. Die Frage ist nur – wie? Auf keinen Fall lernst du es, indem du stundenlang paukst, bis du Kopfweh hast und nicht weiterlernen magst. Ein guter Lerner wirst du, wenn du weißt,

- wie dein Gehirn aufgebaut ist
- wie es funktioniert
- wie du es optimal benutzen kannst.

Kurz und gut: Du benötigst eine Gebrauchsanleitung für dein Gehirn.

Wie man hirngerecht lernt, will dir dieses Lerntraining zeigen. Es ist in jahrzehntelanger Trainingsarbeit mit Schülerinnen und Schülern entstanden. Es enthält all jene Lerntechniken, die sich in der Lernpraxis tatsächlich als hilfreich und wirksam erwiesen haben.

Wenn du von dem Buch profitieren möchtest, sei dir folgendes Vorgehen empfohlen:

- Blättere es zunächst einmal durch und verschaffe dir einen Überblick.
- Arbeite jede Trainingseinheit gründlich durch. Nimm dir aber nur eine pro Tag vor.
- Markiere Wichtiges.
- Mache immer auch die Übungen.
- Probiere das, was dir neu und hilfreich erscheint, beim tatsächlichen Lernen aus.
- Wende das, was dir das Lernen erleichtert, in Zukunft regelmäßig an.

Nicht alles, was in diesem Buch steht, ist für dich neu. Es ist durchaus möglich, dass du eine Lerntechnik schon kennst und anwendest. Fühle dich in diesem Fall zu Recht bestätigt. Es kann allerdings auch sein, dass du eine Technik zwar kennst, aber kaum oder gar nicht gebrauchst. Fühle dich in diesem Fall ermuntert, sie auszuprobieren.

Abschließend noch ein Hinweis, den du unbedingt beachten solltest: Vom Lesen dieses Buches allein wird dein Lernen leider nicht besser. Besser wird es nur durch praktisches Handeln.

1. Das Gehirn – dein Lernorgan

Das Gehirn steuert Körper, Geist und Seele. Es ist jener Teil des zentralen Nervensystems, der in der Schädelhöhle liegt. Es wird von drei Hirnhäuten umhüllt und wiegt durchschnittlich 1400 g. Seine stark gefaltete Oberfläche umfasst 2300 cm². Obwohl es nur 2 Prozent der Körpermasse ausmacht, beansprucht es 20 Prozent des körperlichen Energiebedarfs. Es deckt ihn durch Glukose (Traubenzucker) und Sauerstoff.

Ausgestattet ist das Gehirn mit etwa 100 Milliarden Neuronen (Nervenzellen) und zehnmal so vielen Gliazellen, deren Aufgabe es ist, die Neuronen zu stützen, zu versorgen und zu schützen. Jedes Neuron ist mit bis zu 10 000 anderen verschaltet.

Man teilt unsere Steuerzentrale in vier Hauptbereiche ein. Der größte ist das Großhirn, er macht drei Viertel des Gehirnvolumens aus. Das Großhirn besteht aus zwei spiegelgleichen Hälften (Hemisphären), der linken und der rechten Gehirnhälfte. Sie sind durch einen dicken Nervenstrang, den Balken, verbunden. Die Nervenbahnen zwischen den Gehirnhälften und den Körperhälften verlaufen über Kreuz. Das heißt, dass die linke Gehirnhälfte den rechten Körperteil steuert und die rechte Gehirnhälfte den linken Körperteil. Eine weitere Besonderheit ist, dass die linke Gehirnhälfte schwerpunktmäßig eher sprachliche Informationen verarbeitet und die rechte mehr auf bildlich-räumliche Aufgaben spezialisiert ist.

Die äußere, circa 4 mm dicke Schicht der beiden Gehirnhälften wird Großhirnrinde (Cortex cerebri) genannt. Sie gliedert sich in vier Lappen, die in Windungen und Furchen gefaltet sind. Diesen Lappen sind spezielle Rindenfelder (Cortexareale) für die Verarbeitung von Sinneseindrücken, für die Steuerung von Bewegungen und für die Verknüpfung von Informationen zugeordnet. Im Stirnlappen (Frontallappen) werden geistige Vorgänge und willkürliche Bewegungen gesteuert. Der Schläfenlappen (Temporallappen) ist zuständig für die Verarbeitung von Höreindrücken und für das Sprachverstehen. Der Scheitellappen (Parietallappen) dient der räumlichen

Orientierung. Und im Hinterhauptlappen (Okzipitallappen) wird all das verarbeitet, was wir sehen.

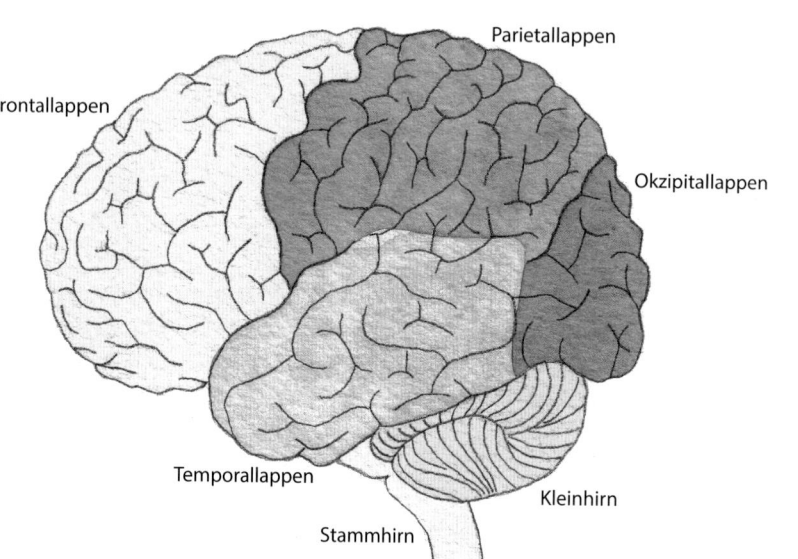

Gehirnlappen

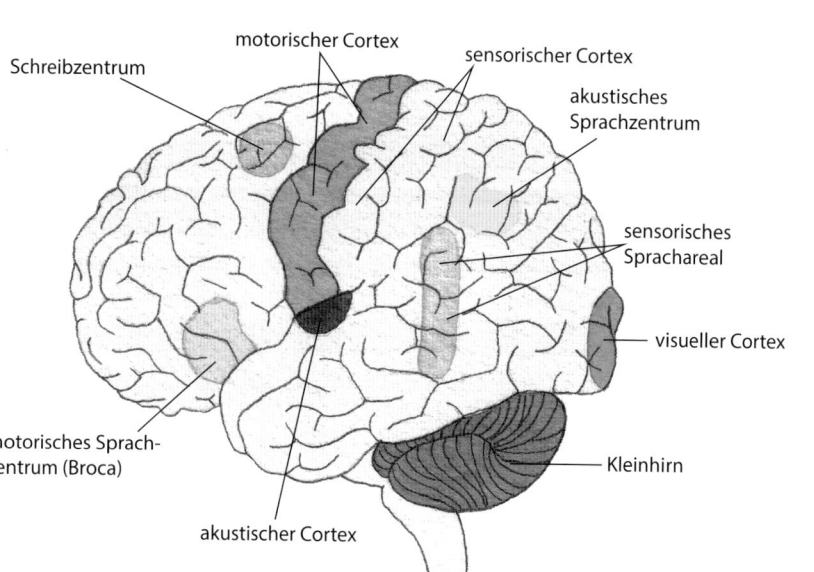

Gehirnfelder

Ebenso zum Großhirn gehört das limbische System. Sein mandelförmiger Teil (Amygdala) ist maßgeblich beteiligt an der Entstehung von Gefühlen sowie an der gefühlsmäßigen Färbung von Erinnerungen. Sein wie ein Seepferdchen aussehender Bestandteil, der Hippocampus, entscheidet nach Wichtigkeit und Neuigkeit, was gespeichert werden soll. Fällt diese Schaltstelle aus, kann nichts mehr ins Langzeitgedächtnis gelangen.

Der zweite Hauptbereich ist das Zwischenhirn. Ein Teil davon ist der Thalamus. Er sammelt und schaltet die dort eintreffenden Sinnesreize um, bevor sie die Großhirnrinde erreichen. Ebenfalls zum Zwischenhirn gehört der Hypothalamus. Er kontrolliert lebenswichtige Körperfunktionen wie Wasserhaushalt, Blutdruck oder Körpertemperatur. Außerdem steuert er über die Hirnanhangdrüse die Bildung von Hormonen.

Der dritte Hauptbereich ist das Kleinhirn. Eine seiner Aufgaben ist die Kontrolle der Bewegungsabläufe. Außerdem sorgt es für die Aufrechterhaltung des Gleichgewichts und für die Bewahrung der Körperhaltung.

Der vierte Hauptbereich ist der Hirnstamm. Er ist die Schnittstelle zwischen dem Gehirn und dem Rückenmark. Er reguliert automatisch ablaufende Körperfunktionen wie Atmung oder Herzschlag. Und er verfügt über ein netzwerkartiges Nervengebilde (Formatio reticularis), das den Aktivitätszustand der Großhirnrinde steuert.

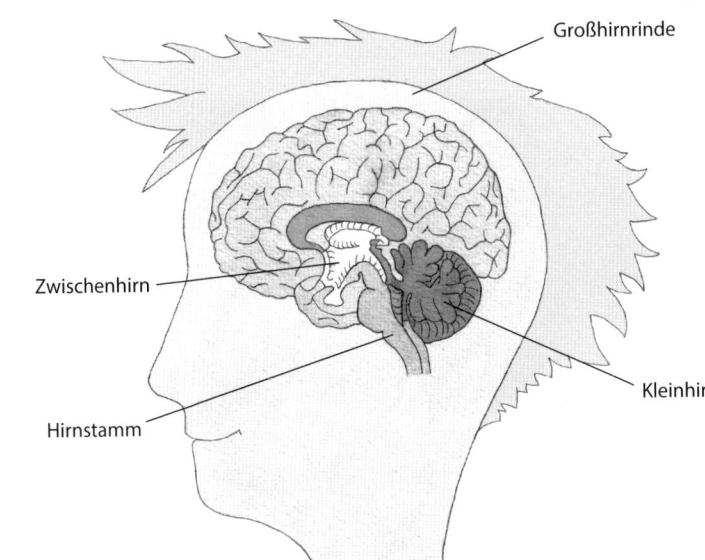

Die vier Hauptbereiche des Gehirns

Nun hast du einen Einblick in den Aufbau deines Gehirns erhalten, also in dein Lernorgan. Mit seiner Hilfe nimmst du neues Wissen auf, verarbeitest es und rufst es ab, wenn du es in der Schule oder im Alltag wieder brauchst. Jetzt interessiert dich sicherlich auch, was im Gehirn passiert, wenn du lernst.

Lernen bedeutet immer, dass in deinem Gehirn Informationen in Form elektrischer Ströme ausgetauscht werden. Der Austausch erfolgt durch die Neuronen. Diese Schalteinheiten können Informationen empfangen, verarbeiten und weiterleiten. Ein Neuron besteht aus

- einem Zellkörper
- einem baumartigen Fortsatz (Dendrit), der Informationen empfängt
- einem lang gezogenen Fortsatz (Axon), der Informationen weiterleitet.

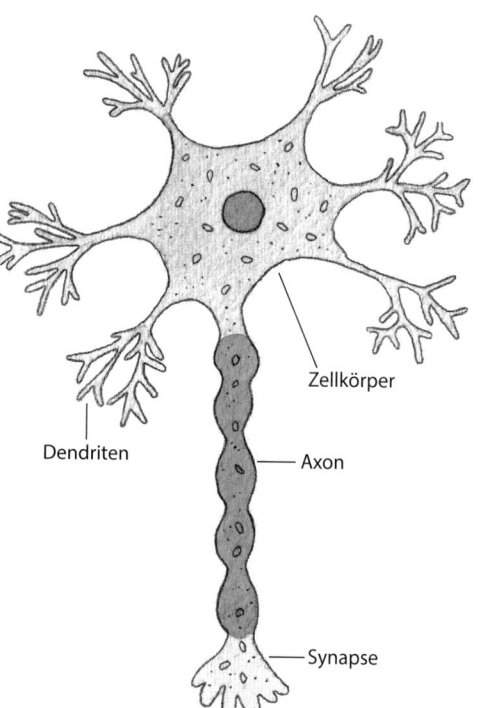

Aufbau des Neurons

Zwischen den Neuronen deines Gehirns gibt es 100 Billionen Verbindungsstellen, die Synapsen. Der winzige Zwischenraum in der Verbindungsstelle wird synaptischer Spalt genannt. Damit ein elektrischer Impuls von einem Neuron zum anderen gelangt, wird dieser mit Hilfe der Ausschüttung chemischer Botenstoffe (Neurotransmitter) überbrückt.

Wenn du lernst, findet auf deinen Nervenbahnen ein reger Signaltransport statt. Du nimmst über deine Sinnesorgane Wörter, Zahlen, Zeichen, Bilder auf, die über die peripheren Nerven in dein Sinnesgedächtnis gelangen. Da diese dort nur Bruchteile von Sekunden präsent sind, wird es auch als Ultrakurzzeitgedächtnis bezeichnet. Bist du konzentriert bei der Sache, gelangen deine neuen Informationen ins Kurzzeitgedächtnis, wo sie kurzfristig in Form neuronaler Erregungskreise festgehalten werden. Dieses mit dem Arbeitsspeicher eines Computers vergleichbare System hat eine geringe Aufnahmekapazität, und zwar etwa sieben Informationseinheiten. Werden die neuen Informationen geordnet, verknüpft und wiederholt, können sie in das Langzeitgedächtnis übergehen, dessen Speicherkapazität nahezu unbegrenzt ist. An diesem Übergang wirkt der Hippocampus entscheidend mit. Die Langzeitspeicherung selbst erfolgt durch die Veränderung der Kontaktstellen (Synapsen) zwischen den Neuronen. Dabei sind dreierlei Vorgänge möglich:

- Es wird die Übertragungsstärke der Kontaktstelle erhöht.
- Es werden neue Kontaktstellen gebildet.
- Es werden alte Kontaktstellen abgebaut.

Die Langzeiterinnerungen auf der Großhirnrinde sind in Form miteinander vernetzter Neuronen angelegt. Deshalb nennt man diese Gebilde auch Neuronen- oder Gedächtnisnetze.

Hinsichtlich der Art der gespeicherten Informationen werden zwei langzeitliche Gedächtnissysteme unterschieden. Ein Teil des Gedächtnissystems ist das Wissensgedächtnis. In ihm sind deine persönlichen Erlebnisse und die gelernten Fakten enthalten. Der andere Teil ist das Verhaltensgedächtnis. In ihm sind motorische Fertigkeiten abgespeichert, die im Falle eines Gebrauchs ablaufen, ohne dass du darüber groß nachdenken musst.

Ständig musst du auf dein im Langzeitgedächtnis gespeichertes Wissen zurückgreifen, und zwar in allen Schulfächern. Deine Abrufsignale tasten die Regalreihen deiner Hirnbibliothek ab. Erreichen sie die gewünschte Information, werden dieselben Neuronen aktiv, die am Erlernen beziehungsweise Einspeichern dieses Wissens beteiligt waren. Die Einzelmerkmale deiner Lerninformation kommen im Hippocampus wieder in Form einer Erinnerung zum Vorschein.

2. Sich selbst motivieren

Dass man sich auch beim Lernen anstrengen muss, wird niemand bestreiten wollen. Den Nürnberger Trichter, jene zauberhafte Lernhilfe, mit der das Wissen wie Wasser einfach in unseren Kopf gefüllt wird, gibt es nicht.

Regelmäßig und selbstständig zu lernen fällt vielen Schülerinnen und Schülern schwer. Schuld daran ist das innere Faultier, das danach strebt, Unlust zu vermeiden und Lust zu erleben. Es befindet sich im limbischen System des Großhirns und es verleitet uns zum Aufschieben und Faulenzen. Die Macht, die dieses innere Faultier ausübt, schwindet häufig erst dann, wenn die Angst vor einer schlechten Note zunimmt oder die Eltern Druck machen.

Es ist menschlich, allzu menschlich, wenn auch dir das innere Faultier Schwierigkeiten bereitet. Deshalb wird dich sicherlich interessieren, wie du es zähmen kannst. Zur Zähmung musst du dein Frontalhirn benutzen. Dort befindet sich das Cockpit, von dem aus du deine Lernmotivation beeinflussen kannst. Mit gutem Willen allein schaffst du dies nicht, sondern du brauchst auch Techniken der Selbstmotivation.

Wenn dein Lernmotor nicht anspringen will, verwende Autosuggestionen. Das sind gezielte Selbstbeeinflussungen, mit denen du deinem inneren Faultier auf den Pelz rückst. Sie sorgen dafür, dass dein Wille in die Tat umgesetzt wird. Es sind kurze Sätze, die du zu dir selbst sagst:

«Tu's gleich, dann hast du's bald weg!»
«Nicht warten, sondern starten!»
«Motiviert, läuft's wie geschmiert.»

Ebenso fördern Warm-ups den Lernstart. Das sind Tätigkeiten, die deinen Lernmotor aufwärmen, bevor er auf Touren kommt. Die erwünschte Aufwärmwirkung kannst du erzielen, indem du deinen Arbeitsplatz aufräumst, das Arbeitszimmer lüftest oder ein paar Gymnastik-Übungen machst. Warm-ups signalisieren dem Gehirn: «Jetzt wird gelernt, kusch dich, inneres Faultier!»

Wirksam beeinflussen lässt sich die Motivation auch durch innere Bilder, die auf der Verschaltung von Nervenzellen in der rechten Gehirnhälfte beruhen. Sie geben dir Energie, um Aufgaben kraftvoll anpacken zu können. Du entwirfst sie, indem du dir auf deiner inneren Leinwand vorstellst, wie es dir nach getaner Lernarbeit geht. Beispiel: «Ich habe meine Lernaufgaben erledigt. Mir geht es gut. Ich liege auf der Couch und höre meine Lieblingsmusik.» Motivierende Wirkungen können auch von äußeren Bildern ausgehen, die du an der Wand deines Arbeitszimmers befestigst. Solche Motivationsposter bringen deine Lernenergien in Bewegung, hin zum Ziel.

Beispiel für ein Motivationsposter

Falls du in letzter Zeit das Lernen öfter vor dir hergeschoben hast, mache dir die Folgen deines Tuns bewusst. Sage zu dir: «Stopp, in den Teufelskreis will ich nicht geraten!» Denn meistens ist es leider so, dass der Aufschieber in eine Erledigungsblockade gerät. Am besten bekommst du das Problem gelöst, indem du

- die Vorteile rascher Erledigung mit den Nachteilen des Aufschiebens vergleichst
- dir vor Augen hältst, dass der Ärger, den das innere Faultier dir einbrockt, noch viel unangenehmer ist als deine gegenwärtige Lernunlust.

Bist du trotz dieser Bemühungen mit deiner Lernmotivation unzufrieden, trainiere deine Selbststeuerung mit Hilfe eines Lerntagebuches. Das Training dauert zunächst einmal vier Wochen. Es umfasst drei Schritte und bewirkt, dass du wieder Chef im eigenen Gehirn wirst.

SELBSTBEOBACHTUNG

SELBSTBEWERTUNG

SELBSTBELOHNUNG

Selbststeuerung

Der erste Schritt bei der Verbesserung deiner Lernmotivation ist der wichtigste: die Selbstbeobachtung. Er allein kann schon zum Erfolg führen. Wie sieht er aus? Ganz einfach, du schreibst in dein Lerntagebuch, was du von wann bis wann gelernt hast.

Datum	Zeit	Fach/Tätigkeit
5.10.	14.30	Englisch (Vokabeln, Grammatikübungen)
	14.35	Matheaufgaben
	15.00	Deutsch Protokoll

Auszug aus einem Lerntagebuch

Der zweite Schritt besteht darin, dass du die Zufriedenheit mit deinen Lerntätigkeiten bewertest. Verwende dabei immer eines der folgenden Zeichen:

+ Ich bin mit dem Gelernten zufrieden.
? Ich bin mit dem Gelernten weder zufrieden noch unzufrieden.
– Ich bin mit dem Gelernten nicht zufrieden.

Diese Selbstbewertung soll dich von den Kontrollen und Rüffeln der Eltern und Lehrer unabhängig machen. Beurteile dich selbst, bevor dies andere tun!

Der dritte Schritt ist die Selbstbelohnung. Für das, was du geleistet hast, belohnst du dich jetzt selbst. Eine Selbstbelohnung ist es schon, wenn du dir auf die Schulter klopfst und zu dir sagst: «Ich hab's geschafft» oder: «Heute ist es gut gelaufen.» Selbst belohnen kannst du dich aber auch dadurch, dass du Musik hörst, einen Film anschaust, joggen gehst oder dich mit Freunden triffst. Wie auch immer du dich belohnst, dein Gehirn antwortet darauf mit der Ausschüttung des Botenstoffes Dopamin, eines hirneigenen Glückshormons. Dopamin fördert nicht nur deine Lernstimmung, sondern auch die Verschaltung der Nervenzellen.

Du kannst die beiden Schritte Selbstbewertung und Selbstbelohnung auch weglassen – auf Schritt eins, die gezielte Selbstbeobachtung, darfst du jedoch nicht verzichten: Sie ist der Königsweg zu mehr Selbstständigkeit.

Damit dein Selbstständigkeitstraining erfolgreich wird, solltest du dir einen Trainingshelfer aussuchen. Das kann ein Freund aus deiner Klasse oder ein Familienmitglied sein. Ihm zeigst du am Ende jeder Trainingswoche dein Lerntagebuch. Dabei sind immer folgende abschließende Fragen wichtig:

• Wie viel Zeit ist für die einzelnen Fächer aufgewendet worden?
• Welche Fächer sind zu kurz gekommen?
• Was muss in der nächsten Woche anders werden?

Wenn die vier Wochen vorbei sind, versuche ohne Lerntagebuch weiterzulernen. Vielleicht bist du mittlerweile von äußerem Druck freier geworden. Ganz allein aus innerem Antrieb wird das Lernen allerdings auch jetzt nicht immer funktionieren. Bleib realistisch, auch das ist wichtig. Dein Ziel könnte so lauten: «Ich bin ein gutes Stück selbstständiger geworden. Die Eltern ermahnen mich seltener. Auf Klassenarbeiten bereite ich mich frühzeitig vor.»

Gerätst du gleich wieder unter die Herrschaft deines inneren Faultiers, setze das Training ein paar Wochen länger fort. Diesmal wird es klappen!

Dein Lernmotor braucht schließlich auch Ziele. Sie verleihen dem Lernen Sinn und Richtung. Eine pünktlich abgegebene und korrekt erledigte Hausaufgabe kann ein solches Ziel sein oder eine Klassenarbeit, auf die du dich rechtzeitig und sinnvoll vorbereitet hast (das nächste Kapitel «Lernen organisieren» zeigt, wie dir das gelingen kann). Ziele werden schriftlich festgehalten und schrittweise abgearbeitet.

Zum anderen können aber auch langfristig gesteckte Ziele eine große Unterstützung deiner Lernmotivation sein. Welcher Beruf, welches Studium weckt dein Interesse, könnte dir Spaß machen? Je früher du dir über diese Ziele im Klaren bist, desto leichter fällt es dir, dich für das Lernen zu motivieren. Um dich über Berufs- und Studienmöglichkeiten zu informieren, brauchst du nicht bis kurz vor dem Schulabschluss zu warten. Wenn du weißt, wofür du dich täglich anstrengst, wird dir das Lernen leichter fallen. In die weitere Zukunft gerichtete Ziele üben auf das Lernen eine wichtige Zugkraft aus.

Übung

Führe in den nächsten vier Wochen ein Lerntagebuch nach dem angegebenen Muster. Schreibe jeden Tag kurz und stichwortartig auf, was du von wann bis wann tust. Bewerte die jeweilige Lerntätigkeit mit +, ? oder –. Belohne dich nach dem Lernen mit angenehmen Tätigkeiten.

3. Lernen organisieren

Genau wie die berufliche Arbeit will das Lernen organisiert sein. Dazu gehört zuerst einmal eine gute Zeitplanung. Nicht umsonst heißt es: Gut geplant ist halb gelernt. Zweitens muss dein Arbeitsplatz lernförderlich gestaltet sein. Und drittens hängt ein reibungsloser Lernablauf auch davon ab, ob die wichtigsten Arbeitsmittel vorhanden und in gutem Zustand sind. Die Lernorganisation ist kein Selbstzweck, sondern dient der inneren Ordnung. Denn nichts stört das Gehirn so sehr wie Chaos.

Hausaufgabenplanung

Nach vielen Unterrichtsstunden zu Hause nochmals zu lernen fällt vielen Schülerinnen und Schülern schwer. Um diesen Schwierigkeiten vorzubeugen, solltest du die Erledigung der Hausaufgaben möglichst genau planen. Die Planung beginnt bereits in der Schule: Schreibe auf, welche Aufgaben zu erledigen sind. Verwende dazu ein Hausaufgabenheft. Aus dem Hefteintrag soll klar ersichtlich sein, wie die Aufgabenstellung lautet, wo im Buch die Aufgabe zu finden ist (Seitenzahl, Nummer) und bis wann sie zu erledigen ist.

Beginne das häusliche Lernen mit der Erstellung eines Tagesplans. Er enthält zum einen das, was du für den nächsten Tag erledigen musst. Wir nennen dies Muss-Ziele. Darüber hinaus überlegst du, was in weiterer Zukunft bevorsteht und deshalb ebenfalls gelernt werden kann. Das sind deine Kann-Ziele. Zu diesem Zweck schaust du in deinen Terminkalender (mehr dazu im nächsten Teilkapitel «Klassenarbeitsvorbereitung»). Möglicherweise siehst du, dass in einer Woche eine Mathearbeit geschrieben wird. Daraus ergibt sich als Kann-Ziel, Matheaufgaben zu üben. Vielleicht steht in zehn Tagen eine weitere Klassenarbeit in Englisch bevor. Also lautet das zweite Kann-Ziel: Vokabeln und Grammatik wiederholen. Aber Vorsicht: Die Bezeichnung «Kann-Ziel» soll dich nicht dazu verführen, die Arbeit dafür auf die lange Bank zu schieben. Sonst, wenn die Zeit sehr knapp geworden ist, werden alle deine Kann-Ziele zu Muss-Zielen, und dann musst du für alle deine Ziele unter Druck und Stress arbeiten. Und das, wie du im 5. Kapitel «Lernstoff speichern und abrufen» erfahren wirst, blockiert die Aufnahmebereitschaft deines Gehirns.

Muss-Ziele
Mathe-Aufgaben Englisch-Übung Biologie-Zeichnung
Kann-Ziele
Englisch, Klassenarbeitsvorbereitung Mathe, Klassenarbeitsvorbereitung

Tagesplan

Sobald der Plan steht, kann die Lernarbeit beginnen. Sie geht dir besser von der Hand, wenn du im Tagesplan Erledigtes abhakst oder durchstreichst. Somit wird dein Arbeitsfortschritt sichtbar. Mit dem Gefühl der Zufriedenheit kannst du feststellen: «Ich komme dem Ziel immer näher!»

Lege nach Bewältigung der einzelnen Aufgaben eine Verschnaufpause ein. Dadurch kann dein Gehirn neue Kraft schöpfen. Wenn es mal mit einer Aufgabe nicht klappt, lege sie lieber beiseite, statt weiter Lernenergie zu vergeuden. Vielleicht fällt dir die Problemlösung später ein. Wenn nicht, kläre das Problem mit Geschwistern, Klassenkameraden oder Eltern. Falls auch diese Hilfe zu keiner Lösung führt, lass die Aufgabe weg und schreibe eine entsprechende Anmerkung ins Heft.

Übung
Wende das, was du über die Tagesplanung gerade gelesen hast, am nächsten Lerntag mal an. Trage in deinen Tagesplan ein, was du erreichen musst (Muss-Ziele) und was du darüber hinaus noch lernen kannst (Kann-Ziele). Gehe nach diesem Plan vor. Hake ab, was du erledigt hast.

Tagesplan
Datum:
Tagesplan:
Kann-Ziele:

Klassenarbeitsvorbereitung

Nicht nur die täglich zu erledigenden Hausaufgaben wollen geplant sein, wie wir nun wissen, sondern auch die Klassenarbeitsvorbereitung. Sie wird leider allzu häufig vernachlässigt. Wahrscheinlich ist dies damit zu erklären, dass Dinge, die nicht sofort erledigt werden müssen, leicht verdrängt und aufgeschoben werden. Folge dieser «Aufschieberitis» ist, dass der Vorbereitungsstoff sich zu einem «Stoffberg» türmt, dessen Höhe immer bedrohlicher erscheint.

Steht die Klassenarbeit dann unmittelbar bevor, rafft sich der Aufschieber endlich zur Vorbereitung auf. Nun hilft nur noch stundenlanges Lernen am Stück. Dieses massierte, pausenlose Lernen hat zur Folge, dass die Aufnahmefähigkeit deines Gehirns überfordert wird. Es schützt sich gegen die Reizflut, indem der Hippocampus, das Tor zum Gedächtnis, einen Teil des Lernstoffes aussortiert. Außerdem bekommst du das Gefühl, unter Zeitdruck zu stehen. Diese nervöse Belastung wiederum führt zur vermehrten Ausschüttung von Stresshormonen. Und diese wieder beeinträchtigen den Signaltransport an deinen Synapsen. Gedächtnis- und Denkblockaden sind die unweigerlichen Folgen.

Die sinnvolle Alternative zum massierten Lernen ist die schrittweise Vorbereitung. Dazu brauchst du eine gute Zeitplanung. Lege dir einen Kalender zu. Sehr zu empfehlen ist ein Taschenkalender. Er ist handlich und kann überallhin mitgenommen werden. Besonders geeignet sind Taschenkalender in Faltform. Mit ihnen kannst du mehrere Wochen überblicken und dich auf Termine frühzeitig einstellen.

Darüber hinaus bieten sich auch andere Zeitplaner an. Zum Beispiel ein Terminposter an der Wand deines Arbeitszimmers. Er hat den Vorteil, dass du so den Überblick über ein ganzes Jahr erhältst. Nachteilig ist, dass du ihn nicht mitnehmen kannst. Schließlich lassen sich deine Termine auch mit einem elektronischen Kalender auf deinem PC oder Smartphone verwalten.

Für viele ist es schwer, mit der Vorbereitung auf eine Klassenarbeit zu starten: Vermerke alle notwendigen Vorbereitungstage im Kalender. Optimalerweise erstellst du daraus einen eigenen Vorbereitungsplan, auf dem verzeichnet ist, welche Stoffgebiete du wann bearbeiten möchtest. Postiere diesen Plan deutlich sichtbar am Schreibtisch. Genauso wie beim Tagesplan hake ab, was du erledigt hast. Hierdurch entsteht ein positives Gefühl des Vorwärtskommens.

Verwendest du einen elektronischen Kalender, mache von der automatischen Erinnerungsfunktion Gebrauch. Sie ruft dir deine geplanten Vorbreitungstermine ins Gedächtnis.

Wenn du dich frühzeitig und portionsweise auf Klassenarbeiten vorbereitest, bringt dir das wichtige Vorteile. Erstens kann sich der aufgenommene Lernstoff im Gedächtnis sicher festigen. Zweitens kannst du genügend Zeit einplanen für eine abschließende Gesamtwiederholung und Selbstüberprüfung. Und schließlich beugst du Stressreaktionen und Ängsten besser vor.

Dein Arbeitsplatz

Ein chaotischer Arbeitsplatz kann die Lernstimmung und den Lernablauf empfindlich stören. Dies ist bei den sogenannten Volltischlern in starkem Maße der Fall. Sie haben große Schwierigkeiten, Lernmittel zu finden. Ihr Arbeitstisch ist oft deshalb überfrachtet, weil sich darauf lernfremde Dinge befinden. Deshalb sollte auch für dich der Grundsatz gelten: Alles, was mit dem aktuellen Lernstoff nichts zu tun hat, gehört nicht auf deine Schreibfläche. Es entzieht dem Gehirn wichtige Aufmerksamkeitsenergien. Achte darauf, dass auf der Schreibtischfläche jene Dinge in Griffweite liegen, die du am häufigsten brauchst: Schreibwerkzeug, Schreibpapier, Korrekturmittel, Nachschlagewerke. Weniger häufig gebrauchte Dinge sollten im Reichbereich (Schublade) oder im Holbereich (Regal) lagern.

Ein weiteres Problem sind akustische Störquellen. Wenn du eine komplizierte Lernaufgabe bearbeitest und gleichzeitig Radio hörst, brauchst du dich über Merk- und Konzentrationsprobleme nicht zu wundern. Eine Musikkulisse schadet dir nur dann nicht, wenn es sich um leise Hintergrundmusik handelt, die nicht durch Sprechkommentare unterbrochen wird, oder wenn du Routinetätigkeit ausführst (z. B. Kolorieren einer Erdkundezeichnung). Vergiss vor dem Lernbeginn auch nicht, dein Handy aus- oder stummzuschalten. Es ist ein unangenehmer Störfaktor.

Oftmals beeinträchtigen die Lichtverhältnisse das Lernen. Dies ist dann der Fall, wenn die Lichtquelle zu grelles oder zu schwaches Licht erzeugt. Darüber hinaus kommt es immer wieder vor, dass die Schreibtischlampe falsch angebracht ist. Beim Rechtshänder soll das Licht von links, beim Linkshänder von rechts kommen.

Erhöhte Temperaturen können das Lernverhalten ebenso beeinträchtigen. Am günstigsten sind circa 20 °C. Im Übrigen dient die Einhaltung dieses Richtwertes auch dem Energiesparen.

Prüfe auch, ob dein Schreibtisch und Schreibtischstuhl lernförderlich sind. Die Tischfläche sollte mindestens 100×60 cm umfassen, damit darauf deine ständigen Lernwerkzeuge und augenblicklich gebrauchte Lernmittel Platz finden. Die Tischhöhe beträgt circa 80 cm, der Stuhl sollte drehbar sein und in Höhe und Tiefe verstellbar.

Schließlich noch ein Tipp: Vergiss nicht, regelmäßig zu lüften. Denn Sauerstoffmangel macht müde und unkonzentriert. Dein Gehirn ist dasjenige Organ, welches den meisten Sauerstoff braucht!

Übung

Sieh dir diesen Arbeitsplatz genau an und überlege, was hier dringend verändert werden muss!

Deine Arbeitsmittel

Wer Lernarbeit verrichtet, benötigt eine Grundausstattung an Arbeitsmitteln:

- Nachschlagewerke
- Papier (Notizpapier, Ringbucheinlagen, Konzeptpapier, Druckerpapier, Karteikarten usw.)
- traditionelle Schreibgeräte (Bleistifte, Filzstifte, Radiergummi, Spitzer usw.)
- Zeichengeräte (Lineal, Geodreieck, Farbstifte usw.)
- Rechenmittel (Taschenrechner, Formelsammlung usw.)
- Ordnungsmittel (Ordner, Ringbuch, Schnellhefter, Karteikasten usw.)
- Planungsmittel (Terminkalender, Terminposter, Pinnbrett usw.)
- Sonstiges (Utensilienbehälter, Locher, Schere, Kleber, Korrekturmittel usw.).

Zu den Arbeitsmitteln im weiteren Sinne zählen außerdem deine Schulhefte. Man bezeichnet sie auch als das papierne Gedächtnis des Schülers. Für eine Klassenarbeits- und Prüfungsvorbereitung sind sie oft hilfreicher als mancher Lehrbuchtext. Deshalb ist eine ordentliche Heftführung so wichtig.

Das Blatt eines Schulhefts benötigt eine klare Grundstruktur. Oben und unten, links und rechts müssen ein paar Zentimeter Rand frei bleiben. Achte beim Heftkauf darauf, ob es diese Ränder aufweist. Alles, was du in das Heft einträgst, soll sauber und leserlich geschrieben beziehungsweise gezeichnet werden. Schreibe mit Tinte und zeichne mit dem Bleistift. Gib rechts oben das Datum an und versieh den Eintrag mit einer Überschrift. Lass danach eine Zeile frei. Halte den rechten und linken Heftrand genau ein. Wenn du Arbeitsblätter oder Bilder einklebst, schneide sie sauber zu und positioniere sie richtig.

Damit das Wesentliche ins Auge springt, unterstreiche es. Dies gilt sowohl für Überschriften als auch für wichtige Begriffe. Benutze hierzu das Lineal. Hebe Merksätze durch Farben hervor.

Ein größerer Hefteintrag benötigt eine gute Gliederung, und zwar durch Absätze. Einen Absatz machen heißt, entweder die nächste Zeile etwas weiter rechts zu beginnen oder eine Leerzeile zum Text darüber frei zu lassen. Ein Absatz ist beispielsweise nötig, wenn in einem Aufsatz ein neuer Gedanke kommt oder in einer Mathematik-Hausaufgabe eine neue Übungsaufgabe beginnt.

Hefteinträge sollten immer auf ihre Richtigkeit kontrolliert und gegebenenfalls verbessert werden. Handelt es sich um einen mit der Füllfeder geschriebenen Eintrag, korrigiere mit dem Tintenkiller oder mit dem Korrekturband. Ist es eine mit dem Bleistift angefertigte Zeichnung, verwende einen sauberen Radiergummi. Im Falle einer größeren Korrekturaktion kannst du die falsche Blattfläche überkleben. Die Seite herauszureißen empfiehlt sich nicht, da das Heft sonst auseinanderfällt.

Wenn du mal Unterrichtsstunden versäumt hast, trage die fehlenden Lerninhalte im entsprechenden Fachheft nach. Stößt du dabei auf Lerninhalte, die du nicht verstanden hast, markiere diese mit dem Bleistift am Rand und frage einen Klassenkameraden. Erledige dies rasch, weil das Verständnis des nachfolgenden Lerninhalts vom Verstehen des vorhergehenden abhängt.

Neben den klassischen Arbeitsmitteln verfügen die meisten Schüler auch über einen PC, einen Laptop oder ein Netbook. Damit kannst du deine Texte verfassen (z. B. ein Referat), Lernprogramme nutzen (z. B. Vokabeltrainer) oder im Internet Informationen suchen.

Eine gute Arbeitsmittel-Organisation bedeutet schließlich auch, dass du abends anhand deines Stundenplans prüfst, was du am nächsten Tag in die Schule mitnehmen musst. Packe die notwendigen Dinge so ein, dass sie wirklich griffbereit sind. Sortiere Sachen aus, die du in nächster Zeit nicht brauchst. Ansonsten entsteht ein Schultaschen-Chaos.

4. Gemeinsam lernen

Das Lernen mit anderen kann die Einzelarbeit nicht ersetzen. Versuche deshalb zunächst einmal, selbstständig zu lernen. Verstehst du während der Alleinarbeit Lerninhalte nicht, bietet sich die Gruppenarbeit als wirksame Lernhilfe an.

Bevor du mit anderen Schülern eine Lerngruppe bildest, solltest du ein paar Erfahrungen und Regeln beachten. Ansonsten besteht die Gefahr, dass ihr zu viel quatscht und zu wenig lernt. Denn nicht selten wird ernüchternd festgestellt: «Es war ja ganz nett, aber herausgekommen ist kaum etwas. Ich lerne doch lieber allein.»

Oft scheitert das gemeinsame Lernen schon an der Gruppengröße. Sie sollte die Zahl Fünf nicht überschreiten. Andernfalls kommen einige Gruppenmitglieder zu kurz und sind frustriert. Jeder muss die Chance haben, sich einzubringen und Antworten auf seine Fragen zu erhalten.

Wichtig ist außerdem, dass eine Lerngruppe sich über einen längeren Zeitraum regelmäßig trifft. Denn ihr braucht einige Zeit, um euch aneinander zu gewöhnen und aufeinander einzuspielen. Wenn sich die Gruppe jedes Mal anders zusammensetzt, kann dieses Ziel nur schwerlich erreicht werden.

Besondere Sorgfalt sollte am Beginn einer Gruppensitzung auf die Erstellung einer Tagesordnung verwendet werden. Ein Drauflos-Arbeiten wird mit Sicherheit im Chaos enden. Notiert deshalb zu Hause, was ihr nicht verstanden habt, und bringt den Fragezettel in die Gruppensitzung mit. Sichtet vor Beginn der Sitzung, welche Punkte besonders dringlich sind. Steht beispielsweise eine Klassenarbeit in Mathe bevor, haben Mathe-Fragen Vorrang. Einigt euch auf ein Programm, das in der verfügbaren Zeit tatsächlich auch zu schaffen ist. Im Lauf der Zeit werdet ihr hierfür ein besonderes Gespür bekommen.

Achtet bei der Gruppenbildung darauf, dass ihr unterschiedliche Stärken habt und diese sich wechselseitig ergänzen. Es müssen sowohl gute Fremdsprachler als auch gute Mathematiker darunter sein. Geben und Nehmen sollte ins Gleichgewicht kommen. Passt auf, dass ihr gut miteinander auskommt. Sonst vergeudet ihr viel Zeit mit Streitereien. Auch wenn ihr euch grundsätzlich mögt, können dennoch Konflikte entstehen. Bringt das zur Sprache und versucht das Problem zu lösen.

Damit die Gruppensitzung einen guten Verlauf nimmt, sollte ein Gruppenmitglied sie moderieren. Es ist gut, wenn es nicht immer dieselbe Person ist, sondern jedes Mal ein anderes Gruppenmitglied die Leitung übernimmt. Es achtet darauf, dass die Tagesordnung eingehalten wird. Es erinnert Langredner an die Zeitgrenzen. Und es sorgt für einen fairen und friedlichen Umgang.

Richtet eure Lerngruppe bald nach Schuljahresbeginn ein. Wie schon erwähnt, müsst ihr eine gewisse Anlaufphase, in der manches nicht klappt, einkalkulieren. Trefft euch in der Regel einmal pro Woche. Stehen Klassenarbeiten und Prüfungen vor der Tür, könnt ihr zusätzliche Sitzungen abhalten.

Die Lerngruppe hilft euch übrigens nicht nur beim Verstehen und Begreifen. Sie trägt auch zur Überwindung von Misserfolgserlebnissen und Prüfungsangst bei. Geteiltes Lernleid ist halbes Leid! Und schließlich nützt die Lerngruppe bei der Vorbereitung auf das Berufs- und Arbeitsleben. Teamarbeit ist dort von besonderer Bedeutung.

> **Übung**
>
> Notiere, was du in deinem Problemfach in letzter Zeit nicht verstanden hast. Versuche, diese Probleme zusammen mit anderen Schülern zu klären.

5. Lernstoff speichern und abrufen

Dein Gedächtnis ist deine Hirnbibliothek. Um den Lernstoff dort besser speichern und abrufen zu können, lernst du jetzt Gedächtnistechniken kennen. Sie beruhen auf Erkenntnissen der Gedächtnisforschung. Wenn du sie beim Lernen regelmäßig anwendest, kannst du deine Gedächtnisleistung erheblich steigern.

Mehrkanalig lernen

Lernstoff gelangt über verschiedene Sinnesorgane in das Gehirn: über das Auge, das Ohr, den Geruch-, den Geschmack-, den Muskelsinn und die Hautsinne. Nerven leiten die Sinnesreize zur Großhirnrinde, wo sie in Sinneswahrnehmungen umgesetzt werden. Man nennt die Strecke vom jeweiligen Sinnesorgan zum Gedächtnis auch Lernkanal.

Wenn der Lehrer erklärt, wie die Pflanzenwurzel beschaffen ist, wird der Lernkanal «Hören» benutzt. Du nimmst den Lernstoff über den Gehörsinn auf. Betrachtest du gleichzeitig die im Lehrbuch abgebildete Pflanzenwurzel, wird der Lernkanal «Sehen» beschritten. Du nimmst den Lernstoff auch über das Auge auf. Untersuchst du eine Pflanzenwurzel eigenhändig, spricht man vom Lernkanal «Handeln». Jetzt beteiligst du deine Muskel- und Hautsinne am Lernen.

Je mehr Lernkanäle du beim Lernen benutzt, desto mehr Gehirnfelder werden in die Speicherung einbezogen. Dieses mehrkanalige Lernen hat zwei entscheidende Vorteile. Erstens wird der Lernstoff im Gedächtnis mehrfach verankert und verschlüsselt. Und zweitens ist er schneller verfügbar, wenn du ihn wieder brauchst.

Die von manchen Lernspezialisten vertretene Behauptung, jeder Schüler gehöre einem bestimmten Lerntyp an und könne deshalb die Informationsaufnahme auf einen Lernkanal beschränken, ist falsch. Wissenschaft-

liche Untersuchungen sprechen dagegen. Auch wenn jemand einen besonders gut ausgeprägten Lernkanal hat, braucht das Gehirn eine mehrkanalige
Informationsaufnahme, um einen Lernstoff gut verankern und vernetzen
zu können.

Gedächtnishemmungen vermeiden

Wenn du dir Lernstoff einprägen oder in Erinnerung rufen möchtest, können Gedächtnishemmungen auftreten. Diesen bist du keineswegs hilflos
ausgeliefert. Du musst nur wissen, wie sie entstehen und was dagegen getan
werden kann.

Am häufigsten treten beim Lernen sogenannte Vorwärts- und Rückwärts-
hemmungen auf. Und zwar dann, wenn du sehr viel Lernstoff binnen kur-
zer Zeit aufzunehmen versuchst. Diese Gefahr ist bei einer Klassenarbeitsvorbereitung besonders groß. Je später du beginnst, desto enger wird dein
Zeitfenster. Dieses massierte Lernen birgt die Gefahr, dass zuerst erlernter
Stoff den darauffolgenden am Einprägen hindert (Vorwärtshemmung)
oder umgekehrt der zuletzt aufgenommene den davor erlernten Stoff
(Rückwärtshemmung). Das Gehirn ist überfordert, es wird mit der Über-
fülle der einströmenden Informationen nicht fertig. Gegen solche Gedächtnishemmungen gibt es nur zwei wirksame Rezepte:

- Du fängst rechtzeitig mit der Klassenarbeitsvorbereitung an.
- Falls dies nicht möglich ist, legst du beim Lernen häufig Pausen ein.

Gedächtnishemmungen können auch auftreten, wenn ähnliche Stoffgebiete unmittelbar aufeinanderfolgend gelernt werden (= Ähnlichkeitshem-
mung). Du übst zuerst englische und hinterher französische Vokabeln. Die
Folge davon ist, dass das Informationsmaterial durcheinandergerät. Beim
Abrufen wird dann einiges verwechselt. Achte also bei deiner Lernplanung
darauf, dass die Stoffgebiete abgewechselt werden: Englisch – Mathematik – Französisch – Biologie …

Eine weitere Art von Gedächtnishemmung ist die Gleichzeitigkeitshem-
mung. Sie entsteht, wenn du zur gleichen Zeit zwei Dinge tust. Du lernst
Vokabeln und hörst dabei eine Radiosendung. Die Aufnahmefähigkeit deines Gedächtnisses wird beeinträchtigt. Es ist dann nicht verwunderlich,
wenn du am nächsten Tag mit deiner Gedächtnisleistung unzufrieden bist.

Wenn du kurz vor Wiedergabe eines bereits erlernten Stoffs neue Informationen einpaukst, kann es zu einer Erinnerungshemmung kommen. Ursa-
che ist, dass der Zugriff auf den alten Stoff durch die neuen Speicheraktivi-

täten blockiert wird. Beachte diese Erkenntnis im Zeitraum kurz vor einer Klassenarbeit oder Prüfung. Hast du dich darauf gründlich vorbereitet, lass dein Gehirn in Ruhe.

Schließlich ist noch die Gefühlshemmung zu nennen. Sie ist die Folge starker Gefühlsregungen wie Angst, Ärger, überschwänglicher Freude oder Wut. Sie beeinträchtigen sowohl die Einprägung als auch die Wiedergabe von Wissen.

Übung

Lies die folgenden Beispiele genau durch. Versuche herauszufinden, um welche Arten von Gedächtnishemmungen es sich handelt.

Beispiel 1
Andrea hat sich gestern auf die Geschichtsarbeit zwei Stunden lang vorbereitet. Während des Lernens hörte sie Radio. Heute konnte sie in der Klassenarbeit nur wenig wiedergeben.
Art der Gedächtnishemmung: _____

Beispiel 2
Markus hat zuerst französische und hinterher englische Vokabeln gelernt. Darunter gab es gleichbedeutende Wörter. Bei der heutigen Französisch-Vokabelarbeit ging es ihm gar nicht gut.
Art der Gedächtnishemmung: _____

Beispiel 3
Birgit hat zwanzig Minuten vor der Mathearbeit noch eine neue Aufgabe zu lösen versucht. In der Mathearbeit hatte sie größte Mühe, gestern noch spielend gekonnte Regeln zu erinnern.
Art der Gedächtnishemmung: _____

Beispiel 4
Simone hat heute Nachmittag mit ihrem Bruder heftig gestritten. Gleich anschließend lernte sie englischen Grammatikstoff. Am frühen Abend unterzog sie sich einem computergestützten Grammatiktest und schnitt schlecht ab.
Art der Gedächtnishemmung: _____

Beispiel 5
Gestern Nachmittag paukte Mario alle Englisch-Vokabeln der Lektion 8, und zwar in einem Stück. Er war sich sicher, sie gut zu können. Bei der schriftlichen Wiederholungsarbeit wusste er eine ganze Menge überhaupt nicht mehr, vor allem solche aus dem zweiten Teil der Vokabelreihe.
Art der Gedächtnishemmung: _____

Gedächtnisstützen

Nicht alles, was du verstanden und begriffen hast, kannst du dir auch leicht merken. Du weißt zwar, worin sich bestimmte Pflanzenarten unterscheiden, vergisst jedoch immer wieder die einzelnen Bezeichnungen. Einerseits ist dir klar, warum es zum Aufstieg und Niedergang Roms kam, andererseits fällt es dir schwer, wichtige Namen und Daten zu behalten.

Erleichtern lässt sich die Merkarbeit durch Gedächtnisstützen, umgangssprachlich auch als Eselsbrücken bezeichnet. Das Prinzip dieser Einspeicherungshilfen besteht darin, dass schwer einprägsame Informationen mit einfacheren Vorstellungen verknüpft werden. Oder in der Fachsprache der Hirnforschung ausgedrückt: Der Lernstoff wird nicht nur in der sprachlich spezialisierten linken Gehirnhälfte verarbeitet, sondern gleichzeitig auch in der für nichtsprachliche Funktionen (z. B. Bilder, Rhythmen) zuständigen rechten Gehirnhälfte.

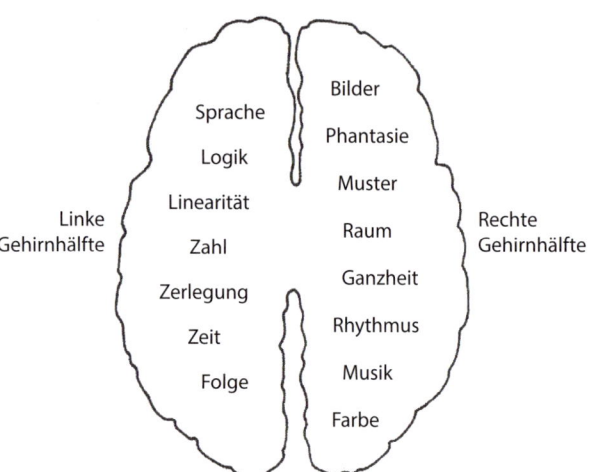

Linke und rechte Gehirnhälfte

Eine sehr wirksame Gedächtnisstütze ist die Bebilderung. Denn das Gehirn liebt Bilder. Von dieser Erkenntnis wird viel zu wenig Gebrauch gemacht. Statt mühsam abstrakte Inhalte zu erlernen, solltest du sie dir mit Hilfe von Zeichnungen und Abbildungen einprägen. Falls keine solchen Bilder vorhanden sind, fertige selbst welche an. Dabei kommt es nicht auf die Genauigkeit und Schönheit an, sondern darauf, dass das Gedächtnis überhaupt eine Stütze erhält. Eine flüchtige Zeichnung genügt. Vielleicht findest du im Internet, in Zeitschriften oder in Katalogen Abbildungen, die sehr gut zum

Lernstoff in Erdkunde oder Biologie passen. Schneide sie aus und klebe sie an den entsprechenden Stellen ins Heft ein.

Eine andere hilfreiche Methode ist das Zusammenfügen von Anfangsbuchstaben einzelner Wörter zu einem Merkwort oder -spruch. So etwa lassen sich die in der klassischen Periode Griechenlands bedeutsamen Stadtstaaten – Sparta, Athen, Korinth und Theben – zum Merkwort SAKT verknüpfen.

Nach diesem Muster kannst du auch einen ganzen Satz bilden, der dein Gedächtnis unterstützt. Beispiel: Wenn die acht Planeten des Sonnensystems (Merkur, Venus, Erde, Mars, Jupiter, Saturn, Uranus, Neptun) in dein Gedächtnis gelangen sollen, wird dir dies durch folgenden Merksatz erleichtert: «Mein Vater erklärt mir jeden Sonntag unseren Nachthimmel.»

Nicht zuletzt bietet sich dir das Merken nach Rhythmus und Reim an. Mit Hilfe dieser Gedächtnisstütze konnten die alten Griechen lange Heldenlieder wie die Odyssee auswendig. Gereimtes lässt sich besser im Gehirn verankern als Ungereimtes. Im Reim ruft das eine Wort das klangähnlich andere Wort hervor. Hierzu ein paar Beispiele aus verschiedenen Schulfächern:

Chemie

Erst das Wasser, dann die Säure,
sonst geschieht das Ungeheure!

Sn steht für Zinn
und hat nur Stanniolpapier im Sinn.

Deutsch

Nach l, n, r das merke ja,
steht nie tz und nie ck.

Das s bei «das» muss einsam bleiben,
kann man dafür «dieses», «jenes», «welches» schreiben.

Englisch

Yesterday, ago und last
erfordern stets das simple past.

Ever, never, yet, so far
«present perfect» ist doch klar.

Erdkunde

Iller, Lech, Isar und Inn
fließen rechts der Donau hin.
Altmühl, Naab und Regen
kommen links entgegen.

Mosel, Saar, Nahe, Rhein
schließen links den Hunsrück ein.

Geschichte

Sieben – fünf – drei,
Rom kroch aus dem Ei.

Armin schlug den Varus richtig
9 nach Christus, das ist wichtig.

Mathematik

Aus Differenzen und Summen
kürzen nur die Dummen.

Kugeloberflächen akkurat:
4 mal Pi mal r².

Physik

Eines Dings Geschwindigkeit:
Weg durch die verbrauchte Zeit.

Hältst du den Löffel konkav,
bleibt die Suppe brav.
Hältst du ihn konvex,
macht die Suppe einen Klecks.

Für viele Lernbereiche gibt es altbewährte Merksätze, auf die du zurück-greifen kannst und die vielleicht auch dein Lehrer oder deine Lehrerin vermittelt. Hier musst du nicht eigens selbst zum Dichter werden. Aber natürlich kannst du in anderen Bereichen deine eigene Eselsbrücke erstellen.

Übung

Erleichtere dir das Merken der wichtigsten Textinhalte des folgenden Textes durch Gedächtnisstützen!

Löwenzahnpflanzen findest du überall. Selbst in Mauerritzen wachsen sie. Wie kann der Löwenzahn solche Standorte erobern?
Vermutlich hast du schon einmal die kleinen «Fallschirme» der «Puste-blume» fortgeblasen. Die «Pusteblume» bildet den Fruchtstand des Löwenzahns. An jedem «Fallschirm» hängt eine Nussfrucht mit einem Samen. Mit dem Wind kann sie auf diese Weise über zehn Kilometer weit fortfliegen. Solche Früchte nennt man Flugfrüchte. Landet der Schirmflieger auf dem Boden, wird die Frucht dort mit ihren Wider-häkchen verankert. So kann aus dem Samen sogar in einer Mauerritze eine neue Pflanze wachsen.

Auch viele Bäume nutzen den Wind zur Verbreitung ihrer Früchte. Diese besitzen dünne Flughäute. Bei den Früchten von Ulme und Birke wirken sie wie Gleitflügel. Die Samen sitzen in der Mitte dieser Flügel. Bei der Ahornfrucht dagegen sitzt der Samen am Ende des Flügels. Fällt die Frucht vom Baum, dreht sie sich schraubenförmig wie ein Propeller. Hierdurch wird das Absinken verlangsamt, und die Frucht kann vom Wind fortgeweht werden. Auch die Früchte der Weißbuche und der Linde sind Schraubenflieger.

Ganz anders sind die Kapselfrüchte des Mohns an die Verbreitung durch den Wind angepasst. Am Ende eines langen Stiels schwankt die Mohnkapsel im Wind hin und her. Dabei wirkt sie wie eine Streudose: Aus den Poren werden die leichten Samen herausgestreut und verweht. Solche Früchte heißen Streufrüchte.

Auch von Tieren werden viele Früchte und Samen verbreitet. Die Früchte der Klette haben Hüllblätter, deren Spitzen hakenförmig um-gebogen sind. Mit den Widerhaken bleiben solche Klettfrüchte im Fell vorbeistreichender Säugetiere hängen. So werden sie als «blinde Passa-giere» mitgeschleppt, bis sie irgendwo wieder abgestreift werden.   **»**

» Schöllkraut, Veilchen und Taubnessel scheinen die «Transporteure» ihrer Früchte sogar zu belohnen: Sie besitzen süße Anhängsel. Ameisen fressen die Anhängsel und verschleppen dabei diese Ameisenfrüchte.

Die Früchte von Vogelbeere, Holunder und Tollkirsche sind als Lockfrüchte bekannt. Vögel werden durch sie angelockt, verzehren die Früchte und scheiden die unverdaulichen Samen mit dem Kot wieder aus.

Manche Pflanzen verbreiten sich auch von selbst. Berührst du die reife Frucht des Springkrauts, so rollen sich die fünf Fruchtblätter plötzlich ein. Dabei werden die Samen fortgeschleudert. Auch Hülsenfrüchte wie beim Ginster sind solche Schleuderfrüchte.

Lernstoff wiederholen

Nur wenig Lernstoff wird im Gedächtnis gleich so gut verankert, dass du ihn jederzeit wieder abrufen kannst. Wie die folgende Vergessenskurve zeigt, wird ein Großteil bald vergessen. Gleich nach dem Lernen geht das meiste Wissen verloren, dann verlangsamt sich der Vergessensprozess. Übrig bleibt ein «Stoffrest» von 20 Prozent.

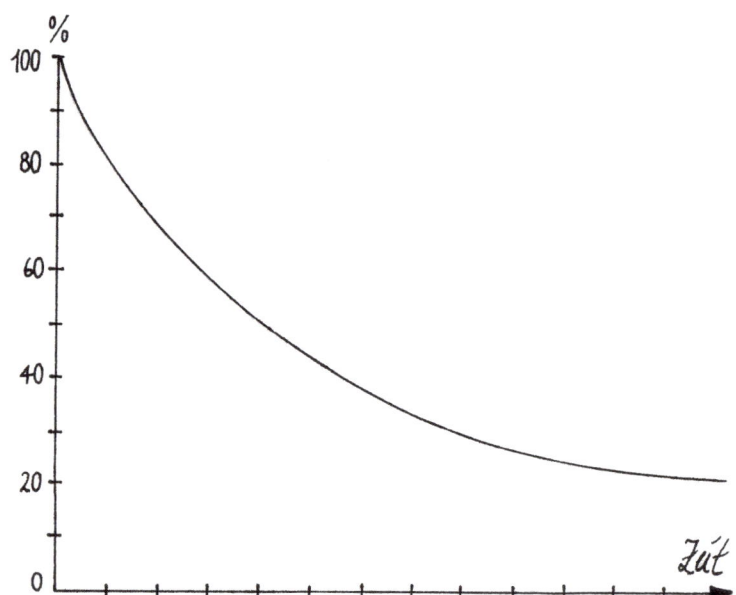

Vergessenskurve

Die Vergessenskurve bezieht sich auf den genauen Lernstoff mit all seinen Einzelheiten. Das «Ungefähr-Wissen» wird hingegen nicht so rasch vergessen. Doch dies ist kein Trost, da du das Gelernte ja meist genau wiedergeben musst. Und deshalb wird dich interessieren, was du gegen das Vergessen tun kannst. Die allgemeine Empfehlung lautet: Wiederholen! Wenn du einen Lernstoff regelmäßig wiederholst, wird jedes Mal dasselbe Neuronen-Netz angeregt. Dadurch machst du es langfristig empfindlich für Abrufsignale. Der gut geübte Lernstoff wird somit dauerhaft gespeichert.

Die Wirksamkeit deines Wiederholungslernens steht und fällt mit der richtigen Methode. Da das Vergessen unmittelbar nach dem Lernen am stärksten greift, beginne möglichst früh mit der ersten Wiederholung. Spätere Wiederholungen können in immer größeren Zeitabständen stattfinden. Dein erster Gedanke wird vielleicht sein: «Da komm' ich ja aus dem Wiederholen gar nicht mehr heraus!» Dem ist nicht so. Denn eine andere Lernregel besagt, dass die für das Wiedererlernen benötigte Zeit im Verlauf der Wiederholungen immer kürzer wird. Du brauchst also nur noch einen Bruchteil der ursprünglichen Lernzeit. Oft genügt das Überblicken und Durchlesen. Außerdem musst du nicht alles wiederholen, sondern vorrangig das, was schwierig und schwer zu merken ist. Zum Beispiel die Zeiten in Englisch oder die allerwichtigsten Daten und Ereignisse einer Geschichtsepoche.

Als Hilfsmittel für das Wiederholungslernen eignet sich das Lernkarteisystem. Du benötigst hierzu Karteikärtchen und einen Karteikasten, der in fünf unterschiedlich große Fächer (siehe unten) unterteilt ist. Beide Materialien sind in Schreibwarengeschäften sowie in Internetshops erhältlich.

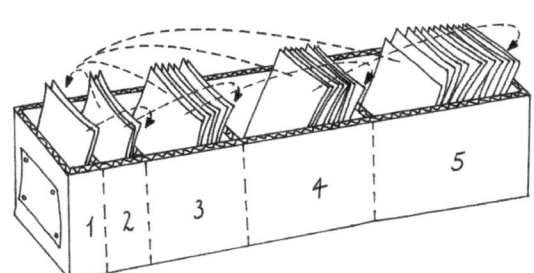

Lernkartei

Nun kannst du deine Lernkartei aufbauen: Auf die Vorderseite der Karte kommt die Frage oder das Stichwort, auf die Rückseite die Antwort beziehungsweise die Lösung. Die beschriebenen Karten steckst du in das erste Fach des Lernkarteikastens. Dann gehst du deine Fragen ein erstes Mal durch. Die richtig beantworteten Karten wandern ins zweite Fach, die nicht oder falsch beantworteten bleiben im ersten Fach. Setze dieses Verfahren so lange fort, bis alle Karten im letzten Fach beziehungsweise im Langzeitgedächtnis angelangt sind.

Wenn du dieses klassische Lernmittel nicht einsetzen willst, verwende stattdessen eine Lernkartei-Software. Sie funktioniert nach demselben Prinzip und viele finden sie komfortabler zu handhaben. Wenn du nach dem Stichwort «Lernkartei-Software» googelst, findest du im Internet entsprechende Angebote – sowohl kostenlose als auch kostenpflichtige. Ein besonderes Plus der elektronischen Lernkartei ist, dass die Software die Reihenfolge der abzufragenden Lerninhalte ständig automatisch verändert.

Es soll hier nicht der Eindruck entstehen, das Wiederholungslernen sei nur mit der Lernkartei möglich. Wenn du alten Lernstoff, der wichtig und schwer zu merken ist, in gewissen Zeitabständen wiederholst, erzielst du dieselbe Wirkung. Diesen Vorgang erleichterst du dir, wenn du den entsprechenden Lernstoff beim Erstlernen kennzeichnest.

Zu empfehlen ist auch das lückenschließende Wiederholen. Es bedeutet, dass du zunächst einmal feststellst, welche Fehler dir in den letzten Wochen besonders häufig unterlaufen sind. Hierzu siehst du die letzten Klassenarbeiten genau durch. In Mathematik fällt dir auf, dass das Multiplizieren und Dividieren von Brüchen nicht sitzt. In Englisch hast du stets gegen die Satzbau-Regel «Subjekt-Prädikat-Objekt» verstoßen. Wenn du solche Fehlerquellen entdeckt hast, musst du für Abhilfe sorgen. Wiederhole deshalb in den nächsten Tagen die entsprechenden Lehrbuchkapitel. Dieses gezielte Lücken-Schließen solltest du immer mal wieder durchführen. Vor allem in den Fächern, die dir augenblicklich Sorge bereiten. Fertige hierzu einen kleinen Wiederholungsplan an. Er verhindert, dass du das Wiederholungslernen auf die lange Bank schiebst. Gestalte ihn zeitlich so, dass er nicht mit deinem Hausaufgabenprogramm in Konflikt gerät. Hake darin immer ab, was du erledigt hast.

Lernstoff kannst du auch mit deinem Computer einüben und wiederholen. Er ist geduldig und schimpft nicht mit dir. Prüfe vor dem Kauf eines Programms, ob der Inhalt mit deinem gegenwärtigen Schulstoff übereinstimmt. Hinweise dazu kannst du zum Beispiel deinem Schulbuch entnehmen. Enthält es keine Information über ein passendes Lernprogramm, kommen als Ratgeber computerkundige Lehrer, Freunde oder Bekannte in Frage. Erhältlich ist die Lernsoftware in vielen Buchhandlungen, aber auch im Internet. Bevor du das Programm kaufst, musst du prüfen, ob dein Computer und sein Betriebssystem den in der Produktinformation genannten Voraussetzungen entsprechen. Möchtest du Geld sparen, erkundige dich in der nächstgelegenen Bibliothek, ob dort Lernprogramme ausgeliehen werden können. Beachte dabei, dass die Ausleihfristen kurz sind. Innerhalb dieser Zeit kannst du immerhin testen, ob sich eine endgültige Anschaffung lohnt. Schließlich kannst du auch am Schwarzen Brett oder im Internet billige Gebrauchtangebote finden.

Sei dir beim Kauf elektronischer Lernprogramme auch bewusst, dass sie keine Zaubermittel sind. Die wesentliche Lernarbeit findet immer noch in deinem Gehirn statt. Der PC beziehungsweise das Lernprogramm helfen dir lediglich, das zuvor Begriffene und Gelernte zu festigen und zu vertiefen.

Lernstoff abrufen

Wenn du den Lernstoff intensiv eingeprägt und regelmäßig wiederholt hast, wirst du ihn normalerweise auch wieder gut erinnern können. Dennoch kann es passieren, dass die Rückerinnerung des Gelernten gestört oder gar völlig blockiert ist.

Gelingt das Abrufen einer Information nicht sofort, ärgere und verkrampfe dich nicht. Ansonsten werden Stresshormone ausgeschüttet, die deine Blockade verstärken. Bleib cool und wende Abrufhilfen an. Eine erste Hilfe ist die Frage, welcher Kategorie die zu suchende Information angehört. Fällt dir zum Beispiel der Namen eines Komponisten nicht ein, überlegst du: Aus welchem Land kommt er? Wie heißt die Epoche, in der er gewirkt hat? Welche Werke hat er geschaffen?

Die Information lässt sich auch besser wiederfinden, indem du deine Suche auf Einzelheiten des gesuchten Wortes konzentrierst. Welchen Anfangsbuchstaben hat es? Ist es einsilbig oder mehrsilbig? Hat es helle oder dunkle Vokale? Ergänzend dazu kannst du auch innerlich das Alphabet abspulen, um den Anfangsbuchstaben ausfindig zu machen.

Eine weitere Erinnerungshilfe ist das situative Abrufen. Du gehst innerlich in die Situation zurück, in der du die Information in dein Gedächtnis aufgenommen hast, und rufst das Drumherum in Erinnerung.

Den Abruf kannst du ebenso mit klanglichen Reizen fördern. Darunter ist zu verstehen, dass du verschiedene Laute solange durchprobierst, bis das blockierte Wort wieder auftaucht.

All diese Suchsignale erhöhen die Chance, dass du den Pfad zu jenem Ort im Langzeitgedächtnis findest, an dem die gewünschte Information gespeichert worden ist.

6. Lernstoff begreifen

Lernen heißt nicht nur Üben, sondern auch Begreifen. Um neuen Lernstoff wirklich begreifen zu können, muss er in vorhandenes Wissen eingeordnet und umgearbeitet werden. Das Begreifen vollzieht sich in den Assoziationsfeldern der Großhirnrinde. Dort wird Wissen in Zusammenhänge gebracht, indem Neuronen und Neuronen-Gruppen «zusammenspielen».

Je schwieriger ein Lernstoff und je zeitaufwendiger es ist, diesen wirklich zu begreifen, desto größer wird die Gefahr, dass du ihn einfach auswendig lernst. Das Auswendiglernen schützt dich in gewisser Weise vor dem Prüfungsversagen. Du kannst von dem betreffenden Stoff etwas von dir geben, auch wenn du ihn nicht verstanden hast. Doch dieses mechanische Lernen hat einen entscheidenden Nachteil. Dadurch, dass du eher den Wortlaut statt den Wortsinn erlernst, wird alles rasch vergessen. Wahrscheinlich wirst du den Stoff morgen noch gut erinnern und aufsagen können, aber in ein paar Tagen hast du ihn schon wieder vergessen, weil er nicht genügend vernetzt ist.

Eine erste Möglichkeit, etwas zu begreifen, ist das Nachschlagen. Manchen Stoffinhalt kapierst du deshalb nicht, weil du ein Wort oder ein paar Worte falsch oder gar nicht verstanden hast. Das Recherchieren im Lehrbuch, in Wörterbüchern, in Mitschriften, in Fachlexika oder im Internet ist ein wichtiger Schritt auf dem Weg zum Verstehen eines Sachverhalts.

Das Nachfragen fördert ebenfalls das Begreifen. Begreifst du im Unterricht etwas nicht, melde dich und bitte um Erklärung. Die meisten Lehrer missdeuten dies nicht als Schwäche, sondern verstehen es als Anzeichen von aktiver Mitarbeit. Wenn du dennoch den Lehrer nicht fragen möchtest, wende dich zu einem späteren Zeitpunkt an Mitschüler, Geschwister oder Eltern.

Das Begreifen wird auch durch das Herausschreiben und Vernetzen wichtiger Begriffe erleichtert. Vernetzen heißt, dass du diese Begriffe übersichtlich in ihren Zusammenhängen darstellst. Dadurch kommst du dem Sinn eines Lernstoffes näher. Begriffsnetze wie das folgende unterstützen in besonderem Maße das Denken. Es zeigt in diesem Beispiel auf, welche Ursachen der Waldraubbau hat und welche Folgen er zeigt:

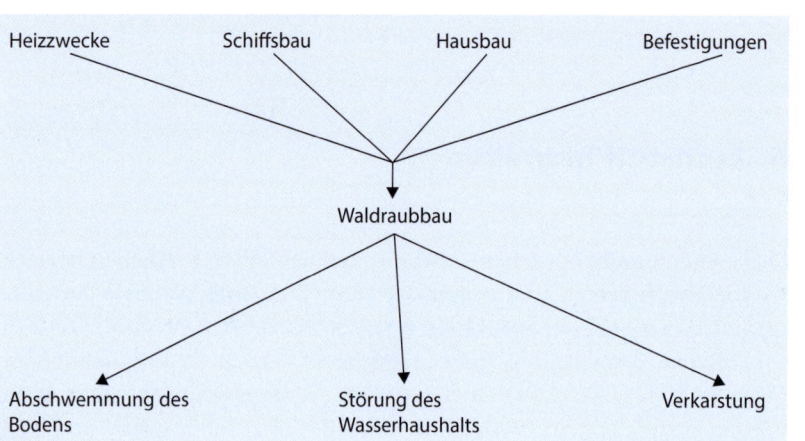

Begriffsnetz «Waldraubbau»

Es muss nicht immer ein Begriffsnetz sein, das dem Begreifen auf die Sprünge hilft. Dieselbe Wirkung erzielst du auch, wenn du dir vom Lerninhalt ein inneres Bild machst, eine vorhandene Abbildung genauer betrachtest oder gar selbst eine Zeichnung anfertigst. Und zur Veranschaulichung trägt außerdem bei, wenn du Beispiele suchst oder dir solche überlegst.

Des Weiteren wird das Begreifen gefördert, wenn du den Stoff in eigene Worte umformulierst. Entweder schriftlich oder mündlich. Letzteres würde bedeuten, dass du den Stoff gewissermaßen jemandem erklärst. Dies wäre eine praktische Anwendung der Spruchweisheit: «Durch Lehren lernen wir.»

Das begreifende Lernen hat nicht nur den Vorteil, dass der aufgenommene Stoff wesentlich länger im Gedächtnis bleibt. Sein Nutzen besteht auch darin, dass der verstandene Lernstoff in Stress- und Prüfungssituationen schneller verfügbar ist. Bei der Wiedergabe von auswendig gelerntem Wissen kann der Faden eher verloren gehen.

Übung

Wähle aus einem naturwissenschaftlichen Lehrbuch einen schwierigen Lernstoff. Lies ihn gründlich durch und schreibe die wichtigsten Begriffe heraus. Stelle die Begriffe in einem Begriffsnetz übersichtlich dar.

7. Konzentration steuern

Die Konzentration ist eine wichtige Hirnfunktion, die im Stirnlappen ihren Sitz hat. Sie wird auch als Scheinwerfer des Gehirns bezeichnet. Er sorgt dafür, dass du einem Lernstoff deine volle Aufmerksamkeit schenken kannst. Konzentriert sein heißt, dass du lernen kannst, ohne dich von außen (z. B. durch Geräusche) oder von innen (z. B. durch Tagträume) ablenken zu lassen. Die Steuerung der Konzentration ist zwar keine leichte Gehirntätigkeit, aber du kannst sie durch bestimmte Techniken trainieren.

Je länger du lernst, desto schwieriger ist es, das Konzentrationsniveau zu halten. Ein zu starkes Abfallen deiner Konzentrationsleistung verhinderst du von vornherein, indem du regelmäßig Pausen einlegst.

Entspanne dich während dieser Lernstopps ein wenig. Mache Gymnastik-übungen oder atme am offenen Fenster ein paarmal tief ein und aus. Dadurch wird die Konzentrationsfähigkeit wiederhergestellt.

Konzentrationsstörungen können auch damit zusammenhängen, dass du dich zu lange mit demselben Lernstoff beschäftigt hast. Muss das Gehirn immer wieder die gleichen Reize aufnehmen, reagiert es mit einem Herunterschalten der Aufmerksamkeit. Dir wird langweilig. Du lässt dich ablenken. Deine Gedanken schweifen ab. Du wirst müde. Der Lernstoff ist nicht mehr interessant genug, um die nötige Konzentrationsspannung zu erzeugen. Die Konzentrationsleistung lässt sich wieder steigern, wenn du das Stoffgebiet wechselst. Statt dich beispielsweise übermäßig lange mit einem Text aus dem Biologiebuch abzumühen, solltest du lieber ein anderes Stoffgebiet dazwischenschieben. Lerne doch einfach mal ein paar Vokabeln und nimm hinterher den Biotext noch mal zur Hand. Beachte bei dieser Konzentrationstechnik, dass sich die beiden aufeinanderfolgenden Stoffgebiete auch deutlich unterscheiden.

Konzentrationsstörungen kannst du außerdem vorbeugen, indem du vor Lernbeginn deinen Arbeitsplatz entsprechend gestaltest. Lege vorher zurecht, was du zur Erledigung deiner Hausaufgaben und Klassenarbeits-vorbereitung unbedingt brauchst. Räume Sachen weg, die du augenblicklich nicht benötigst und die dich ablenken. Davon war zwar schon an anderer Stelle die Rede, aber es soll hier nochmals betont werden: Die Arbeitsplatzgestaltung ist kein Selbstzweck, sondern sie kommt auch deiner Konzentration zugute.

Deine Konzentrationsfähigkeit unterliegt im Laufe eines Tages auch Schwankungen. Sie durchläuft Hochs und Tiefs. Das erste Leistungshoch fällt in den Vormittag, das zweite in den Nachmittag. Das eine Leistungstief liegt mitten in der Nacht, das andere am frühen Nachmittag. Mit gewissen Abweichungen kann man diesen Verlauf der Tagesleistungskurve bei zwei Dritteln der Schülerinnen und Schüler so annehmen. Bei einem Drittel verhält es sich anders. Zum einen zählen hierzu die «Lerchen», die tagsüber gut konzentriert sind, aber am Frühabend rasch müde werden. Zum anderen gehören dazu die «Eulen», die erst spät in Fahrt kommen und abends noch fit sind.

Ideal wäre es, wenn du einen Großteil der Hausaufgaben und Klassenarbeitsvorbereitungen während deines Leistungshochs erledigen könntest. Leider ist dies aufgrund äußerer Zwänge nicht immer machbar. Bist du gezwungen, in tagesrhythmisch ungünstigen Zeiten zu arbeiten, lege öfter als sonst Pausen ein. Ja, es ist nicht immer leicht, die Lernzeit mit der Tagesleistungskurve optimal in Einklang zu bringen.

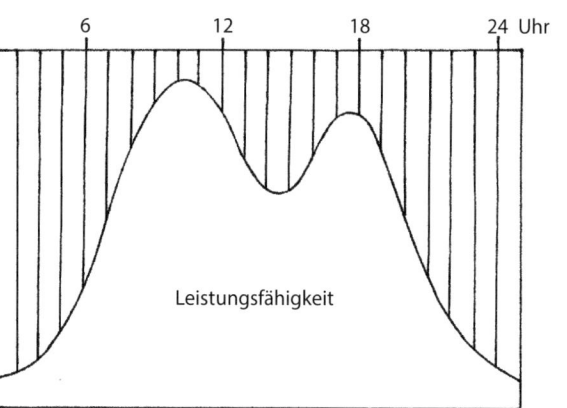

Verlauf der Tagesleistung

Konzentrationsförderlich ist es schließlich auch, wenn du für günstige körperliche Voraussetzungen sorgst. Hierzu gehören insbesondere ausreichend Schlaf, regelmäßige Sauerstoffzufuhr im Arbeitszimmer, eiweiß-, mineralstoff- und vitaminreiche Ernährung sowie genügend Flüssigkeitszufuhr (1,5 bis 2 Liter pro Tag), nicht zuletzt ist auch ausreichend Sport sehr wichtig.

Übung

Notiere an den folgenden fünf Lerntagen, wann deine Konzentration deutlich nachgelassen hat, was wahrscheinlich der Grund dafür war und wie du die Konzentrationsstörung beseitigt hast.

Zeitpunkt der Störung	Grund der Störung	Beseitigung der Störung

8. Gedanken sammeln

Im Gehirn fließen unaufhörlich Gedanken. Der augenblickliche Gedankenfluss gleicht eher einem Chaos als einer Ordnung. Wenn du für einen Aufsatz, für ein Referat oder für eine Problemlösung Gedanken brauchst, musst du sie zunächst sammeln. Hierzu eignet sich die Mind-Mapping-Methode, die der englische Psychologe Tony Buzan entwickelt hat. Ins Deutsche übersetzt kann sie als Gedankenkarten-Methode bezeichnet werden. Wie ein Geograf eine Landschaft auf der Karte darstellt, bringt der Denkende seine Ideenlandschaft aufs Papier. Diese Methode ist im Übrigen sehr gehirngerecht. Denn das Gehirn speichert und organisiert unser Wissen ja auch in Form von Neuronen-Netzwerken.

Wenn du eine Mind-Map anfertigen möchtest, beginne in der Mitte eines querformatigen Blattes. Platziere dort den Oberbegriff beziehungsweise das Thema. Entfalte von diesem Zentrum aus baumartig deine Gedankenkarte. Auf die Hauptäste kommen Hauptstichwörter, auf die Nebenäste Einzelheiten. Sei beim Verwenden der Wörter sparsam. Schreibe sie möglichst in Form von Druckbuchstaben. Verdeutliche sie durch Symbole, Bilder und Farben. Fallen dir noch neue Gedanken ein, füge sie nachträglich ein.

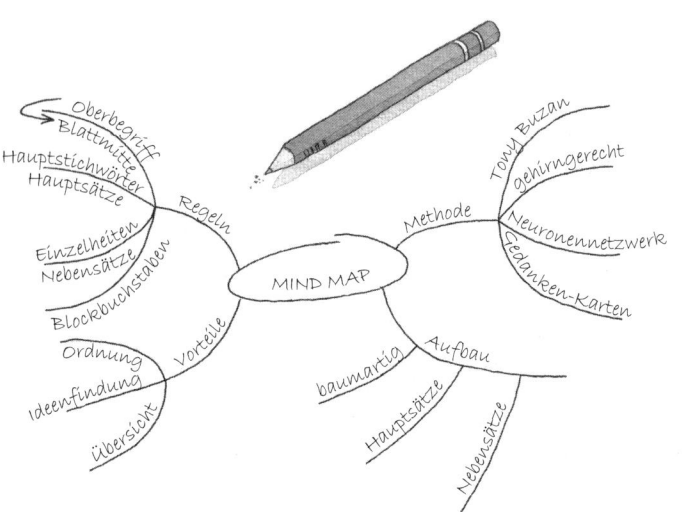

Handgefertigte Mind-Map

Inzwischen gibt es auch computergestütztes Mind-Mapping. Zu nennen ist beispielsweise die Mind-Map-Software Mindman. Der Vorteil dieser Programme ist, dass die Map-Konstruktion leichter abläuft als mit der Hand und die Wörter besser lesbar sind. Der Nachteil ist, dass der persönlichen Gestaltung Grenzen gesetzt sind.

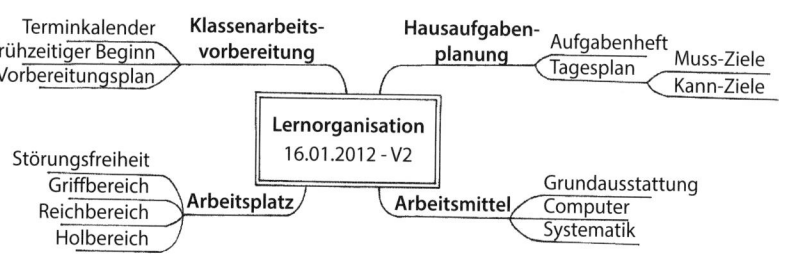

Mit dem Computer erstellte Mind-Map

Als weitere Sammelmethode eignet sich das von der Kreativitätstrainerin Gabriele Rico entwickelte Clustering. Der Begriff geht zurück auf das englische Wort Cluster, was so viel bedeutet wie Büschel, Gruppe oder Haufen. Das Herstellen von Gedanken-Büscheln geht einem noch leichter von der Hand als das Mind-Mapping. Starte wie bei diesem in der Blattmitte. Trage dort das Zentralwort ein und kreise es ein. Schreibe Wörter, die dir zum Thema einfallen, darum herum. Kreise sie ebenfalls ein und verbinde sie mit dem Zentralwort. Ergibt sich aus einem Wort ein weiterer Begriff, ziehe auch zwischen diesen beiden eine Linie.

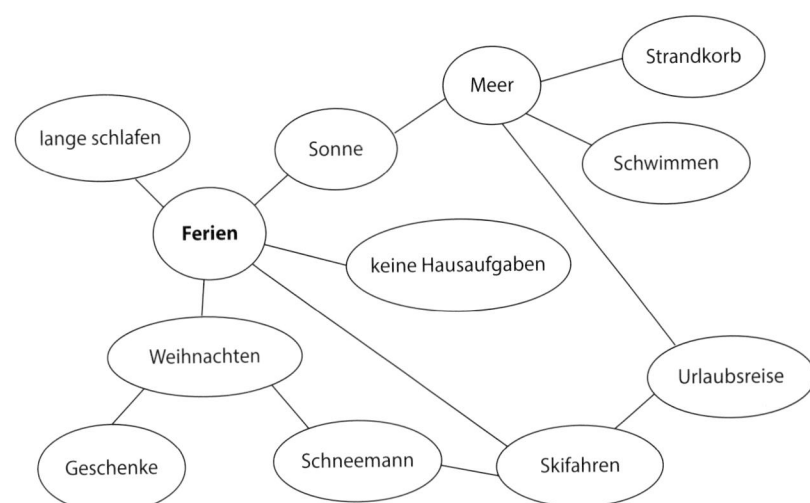

Gedanken-Cluster zum Thema «Ferien»

Schließlich sei noch ein Verfahren empfohlen. Es heißt Wortigel. Setze in die Mitte des Blattes dein Ausgangswort und kreise es ein. Vom Kreise weg machst du Striche; an deren Ende stellst du die Wörter, die dir zum Ausgangswort in den Sinn kommen. Am Ende sind deine Gedanken wie die Stacheln eines Igel um das Ausgangswort herum gruppiert.

Wortigel

Übung

Lege ein DIN-A4-Blatt im Querformat vor dich hin. Fertige von dem, was du gerade eben über Mind-Mapping gelesen hast, eine Erinnerungs-Mind-Map an. Dein Ausgangswort soll also «Mind-Map» sein. Du schreibst es in die Blattmitte und umkreist es. Füge alles, was du noch weißt, mapartig hinzu. Vergleiche abschließend deine Gedankenkarte mit dem Text. Füge wichtige Stichwörter, die dir nicht eingefallen sind, nachträglich ein.

9. Wirksam lesen

Über 80 Prozent unseres Wissens wird durch Texte vermittelt. Damit sich diese in unser Gehirn einlagern können, müssen sie zunächst gelesen werden. Ort der optischen Verarbeitung von geschriebenen Wörtern ist das Lesezentrum im Hinterhauptlappen.

Das Lesen ist der Schlüssel zur Welt des Wissens. Um Textinhalte aufzunehmen, zu verstehen und zu behalten, brauchst du eine wirksame Lesetechnik. Sie hilft dir Zeit zu sparen und verbessert deine Lesefähigkeit.

Die am häufigsten angewandte Lesetechnik ist das Markieren wichtiger Textstellen – entweder durch Unterstreichen oder mit dem Textmarker. Dabei besteht immer die Gefahr, dass zu viele Wörter markiert werden. Hebe deshalb nur jene Inhalte hervor, die auch wirklich wichtig sind. Nicht anwendbar ist die Markiertechnik natürlich, wenn es sich um ein geliehenes Buch handelt.

Eine weitere Möglichkeit des gründlichen Lesens ist das Anbringen von Randzeichen. Dort, wo Textinhalte eine bestimmte Bedeutung haben, werden am Rand Zeichen gesetzt.

Bedeutung	Zeichen	Buchstabe
Wichtige Aussage	!	W
Nachschlagen	ᴐ	N
Unklarheit	?	U
Definition	:	D
Beispiel	→	B
Zusammenfassung	Σ	Z

Dies sind natürlich nur Vorschläge. Du kannst deine eigenen Randzeichen erfinden. Allerdings nicht jedes Mal neue, sonst hast du bei späteren Wiederholungen Schwierigkeiten, deren Bedeutung zu verstehen.

Ebenso hilfreich ist das Herausschreiben von Kerninformationen. Verwechsle diese Methode nicht mit dem Abschreiben ganzer Absätze. Dein Auszug muss um ein Vielfaches kürzer sein als der Ausgangstext. Wende diese Technik vor allem dann an, wenn du das Buch oder den Text später wieder zurückgeben musst.

Der Mond, S. 83

1/81 der Erdmasse

Oberfläche: 2/3 Gebirge, 1/3 geschmolzene Lava

Krater und Wälle bis 4000 m hoch

Temperaturen zwischen -140 °C und +140 °C

Umkreist in 27 Tagen die Erde

ältestes Gestein 4,6 Mrd. Jahre alt

Textauszug

Besonders zu empfehlen ist, wenn du für Textinhalte eigene Oberbegriffe finden kannst. Da steht zum Beispiel in einem Lehrbuchtext, dass das Verschwinden von Hecken und Feldrainen der Zerstörung von Ackerboden Vorschub leistet. Dir fällt nun ein Oberbegriff ein, den du im Erdkundeunterricht einmal gelernt hast: Erosion = Abtragung lockerer Bodenteile durch Wasser und Wind. Der Inhalt der betreffenden Textstelle lässt sich also mit Hilfe dieses Oberbegriffs zusammenfassen. Textauszüge brauchst du aber nicht immer in Form von Wörtern anzufertigen, sondern es sind auch Skizzen oder Zeichnungen möglich.

Dich interessiert wahrscheinlich auch die Frage, wie du beim Lesen langer Texte (Broschüren, Bücher) vorgehen sollst. Eine klare Antwort der Lern- und Leseforschung lautet: Lies nicht an einem Stück, sondern gehe Schritt für Schritt vor. Dazu eignet sich die Fünf-Schritte-Methode besonders gut.

Schritt 1: Überfliegen

Schritt 2: Fragen an den Text

Schritt 3: Gründlich lesen

Schritt 4: Zusammenfassen

Schritt 5: Kontrollieren

Ziel von Schritt 1 ist es, dass du dich mit dem Inhalt vertraut machst und dir einen Überblick verschaffst. Überfliege deshalb den Text und lies hauptsächlich das Inhaltverzeichnis, die Einleitung, Überschriften und Zusammenfassungen.

Schritt 2 heißt Fragen stellen. Überlege dir aufgrund der ersten Einblicke Fragen, die du aus dem Inhaltsverzeichnis und den Überschriften ableiten kannst. Sie erzeugen in deinem Gehirn Aufmerksamkeit und Neugierde.

Schritt 3 bedeutet, gründlich zu lesen – mit dem Ziel, Antworten auf deine Fragen zu erhalten. Hebe wichtige Textstellen durch Herausschreiben, Markierungen und Randzeichen hervor. Schlage nach, was du nicht verstanden hast.

Schritt 4 ist die Zusammenfassung des Gelesenen. Wähle zwischen mehreren Möglichkeiten:

- eine schriftliche Kurzzusammenfassung in eigenen Worten
- Wesentliches in eigenen Worten aufsagen
- den Kerninhalt jemandem erläutern.

Schritt 5 ist eine abschließende Kontrolle. Sieh den Text nochmals durch. Prüfe, ob deine Fragen beantwortet sind. Bringe dein neues Wissen in einen Gesamtzusammenhang, am besten durch die Anfertigung einer Mind-Map.

Die Fünf-Schritte-Methode ist mit einigem Zeitaufwand verbunden. Wenn du mal nicht so viel Zeit hast, verkürze die Methode zur Drei-Schritte-Methode:

Schritt 1: Text überfliegen

Schritt 2: Text gründlich lesen

Schritt 3: Text zusammenfassen

Übung zur Texterfassung 1

- Lies den Text zunächst konzentriert durch.
- Unterstreiche wichtige Wörter und Daten.
- Lies den Text nochmals durch.
- Beantworte die Fragen.
- Kontrolliere, ob die Antworten stimmen.

Alexander der Große wurde 356 v. Chr. als Sohn des Makedonierkönigs Philipp II. in Pella geboren. Er wurde von dem griechischen Philosophen und Naturforscher Aristoteles erzogen. Schon als Knabe zeigte er großes Interesse an der sagenumwobenen Welt Asiens. Nachdem er im Jahre 336 Makedonenkönig geworden war und die makedonische Herrschaft an der Nordgrenze und in Griechenland gesichert hatte, begann er seinen asiatischen Feldzug. Zunächst begründete er diesen Feldzug mit den Zerstörungen, die die Perser in früherer Zeit in Griechenland angerichtet hatten. Mit 30 000 Mann Fußvolk und 5000 Reitern setzte er nach Kleinasien über. Im November 333 traf er auf den Perserkönig Darius III. In schiefer Schlachtordnung besiegte er ihn bei Issos. Ein Friedensangebot der Perser lehnte er ab und zog weiter in den vorderasiatischen Raum. Zunächst unterwarf er Syrien. Im Jahre 332 hielt er, als Befreier und Sohn Gottes begrüßt, in Ägypten Einzug. Dort gründete er die Stadt Alexandria.

Von Ägypten aus stieß er über den Euphrat und den Tigris in Richtung Persien vor. Im Jahre 331 schlug er den Perserkönig Darius III. erneut in der Schlacht von Gaugamela. Er ließ sich zum König von Asien ausrufen und zog kurz danach in Babylon und Susa ein. Als Rache für die Zerstörung der Akropolis ließ er 330 die persische Residenzstadt Persepolis in Schutt und Asche legen.

Da er seine Soldaten zur Annahme orientalischer Sitten und Gebräuche zwang, bildete sich im Heer eine Verschwörung gegen Alexander. Diese schlug er nieder. Den Anführer Philotas und dessen Vater Parmenion ließ er hinrichten.

Noch war Alexanders Eroberungsdrang nicht zu Ende. Nachdem er den Ostiran unterworfen hatte, zog er 327 über den Hindukusch in Richtung Indien. Am Hydaspes besiegte er 326 den nordwestindischen König Poros und dessen Kriegselefanten. Als er daraufhin zum Ganges vordringen wollte, meuterten seine Truppen. Die Strapazen des Feldzuges hatten das Maß des Erträglichen überschritten.   »

» Der Rückzug führte zunächst mit Schiffen den Indus hinab bis zum Indischen Ozean. Von dort marschierte er mit einem Großteil des Heeres durch die Wüste Gedrosiens nach Persepolis. Währenddessen fuhr sein Admiral mit dem Rest der Truppen an den Küsten des Indischen Ozeans und des Persischen Golfes entlang bis zur Mündung von Euphrat und Tigris.

Im Jahre 324 veranstaltete Alexander die Massenhochzeit von Susa zwischen Makedonen und Perserinnen. Er selbst heiratete die Tochter seines einstigen Feindes Darius. Mit diesen Hochzeiten wollte er Makedonen und Perser zu einem neuen Herrschervolk verschmelzen. Die Perser erhielten außerdem Gleichberechtigung und wurden in Alexanders Heer aufgenommen.

Nachdem nun Makedonien, Griechenland und Vorderasien zu einem Großreich zusammengefügt waren, schmiedete Alexander neue Eroberungspläne. Er wollte Karthago und den westlichen Mittelmeerraum unterwerfen. Mitten in den Vorbereitungen starb er 323 in Babylon plötzlich am Fieber. Nach seinem Tod brachen zwischen den Feldherren des Großreiches, Diadochen genannt, Kämpfe um den Thron aus. Diese führten zu einem baldigen Zerfall des von Griechenland bis nach Indien reichenden Herrschaftsgebietes. Nichtsdestoweniger war durch Alexanders Feldzüge ganz Vorderasien für die griechische Kultur erschlossen worden. Dazu trugen vor allem die etwa 70 Städte bei, die Alexander gegründet hatte.

Fragen zum Übungstext

1. Wie begründete Alexander zunächst seinen asiatischen Feldzug?

2. Wann und wo besiegte Alexander zum ersten Mal den Perserkönig Darius III.?

»

» 3. Warum bildete sich im Heer eine Verschwörung gegen Alexander?

4. Wann zog Alexander über den Hindukusch in Richtung Indien?

5. Warum konnte er nicht bis zum Ganges vordringen?

6. Was sollte die Massenhochzeit von Susa bezwecken?

7. Warum zerfiel das Reich Alexanders des Großen?

Übung zur Texterfassung 2

- Lies den Text konzentriert durch.
- Stelle die wichtigsten Textinhalte in Form einer Skizze dar.
- Lies den Text nochmals durch.
- Beantworte die Fragen.
- Kontrolliere, ob die Antworten stimmen.

Am Äquator herrschen immer Durchschnittstemperaturen von 24–28 °C. Die warmen Luftmassen steigen Tag für Tag in breitem Strom nach oben. Wolken türmen sich auf, und es kommt zu heftigen Niederschlägen, dem Zenitalregen. Hier, in den inneren Tropen, treffen der Nordost-Passat und der Südost-Passat aufeinander. Klimatologen sprechen deshalb von der innertropischen Konvergenzzone (konvergieren = zusammenströmen). Der Luftdruck ist verhältnismäßig niedrig. Daher umgeben schwach ausgeprägte Tiefdruckgebiete gürtelförmig den Äquator.

Die innertropische Konvergenzzone, kurz ITC genannt, verschiebt sich mit dem Zenitstand der Sonne. Die ITC wandert im Nordsommer nach Norden, im Südsommer nach Süden. In dieser Zone kommt es zu meist ergiebigen Niederschlägen. Die Länge der Regenzeit nimmt gegen die Wendekreiswüsten hin ab. Die Vegetationszonen vom tropischen Regenwald bis zur Wüste spiegeln die zunehmende Trockenheit wider.

In über 10 000 m Höhe fließen die am Äquator aufsteigenden Luftmassen in Richtung der Pole ab. Wegen der Erdrotation stauen sie sich bei etwa 30–35 ° nördlicher beziehungsweise südlicher Breite und sinken ab. Absteigende Luft erwärmt sich rasch und trocknet aus. Die Wolken lösen sich auf. Oft fällt jahrelang kein Regen. Daher liegen hier die niederschlagärmsten und heißesten Gebiete der Erde: die Wendekreiswüsten oder Hitzewüsten. Hier herrscht das ganze Jahr hoher Luftdruck. Im Bereich dieses Subtropenhochs entwickeln sich die Passatwinde. Da Winde immer vom hohen zum tiefen Druck gerichtet sind, entsteht eine Luftströmung vom Subtropenhoch zum Äquator. Wegen der Erdrotation und der Reibung über dem Festland werden die Winde aber umgelenkt: auf der Nordhalbkugel zum Nordost-Passat, auf der Südhalbkugel zum Südost-Passat. »

Fragen zum Übungstext

1. Welche Winde treffen in den inneren Tropen aufeinander?

2. Welche Durchschnittstemperaturen herrschen am Äquator?

3. Wohin fließen die am Äquator aufsteigenden Luftmassen ab?

4. Warum umgeben schwach ausgeprägte Tiefdruckgebiete gürtelförmig den Äquator?

5. Wie heißen die niederschlagärmsten und heißesten Gebiete der Erde?

Übung zur Texterfassung 3

- Lies den Text konzentriert durch.
- Unterstreiche wichtige Wörter.
- Bilde ein paar kurze Merksätze.
- Beantworte die Fragen.
- Kontrolliere, ob die Antworten stimmen.

Im leeren Raum nimmt die Geschwindigkeit eines fallenden Körpers gleichmäßig zu; anders gesagt, er fällt gleichmäßig beschleunigt. Das gilt auf dem Mond ebenso wie auf der Erde oder an anderen Stellen, allerdings mit recht unterschiedlichen Beschleunigungswerten: Ein Apfel z. B., der auf der Erde aus 5 m Höhe vom Baum fällt, schlägt nach einer Sekunde am Boden auf, und zwar mit einer Geschwindigkeit von 10 m/s; die Beschleunigung während des Fallens – kurz gesagt: die Fallbeschleunigung (g) – beträgt nämlich auf der Erde (rund) 10 m/s^2. Und auf dem Mond? Da spielt sich das Fallen viel «gemächlicher» ab: Ein Gegenstand, der einem Astronauten aus nur 80 cm Höhe aus der Hand fällt, braucht eine volle Sekunde bis zum Mondboden und schlägt mit einer Geschwindigkeit von nur 1,6 m/s (etwa Fußgängertempo) auf! Die Fallbeschleunigung beträgt auf dem Mond nämlich 1,6 m/s^2.

Auf dem Planeten Jupiter andererseits, der größer als unsere Erde ist, geht es noch viel «rasanter» zu als bei uns: Die Fallbeschleunigung beträgt dort 26 m/s^2; bereits in der ersten Sekunde des Fallens (in der schon 13 m zurückgelegt werden) erreicht ein Körper also eine Geschwindigkeit von 26 m/s, das sind fast 100 km/h!

Genau genommen ist nicht einmal auf der Erde die Fallbeschleunigung überall gleich: An den Polen ist sie etwas höher als am Äquator, und in höheren Lagen geringer als in der Nähe des Erdbodens; in mittleren Breiten hat die Fallbeschleunigung (in Bodennähe) den Wert g = 9,81 m/s^2. An einer und derselben Stelle der Erde oder überhaupt des Weltalls fällt aber (im leeren Raum) jeder Körper mit derselben Beschleunigung – unabhängig davon, aus welchem Material er besteht, wie groß er ist oder welche Eigenschaften er sonst noch hat.

Diese Tatsache macht den Zustand der Schwerelosigkeit verständlich: Ein Raumschiff, das ohne Antrieb beispielsweise vom Mond zur Erde fliegt, «fällt» ihr einfach entgegen. Da nun jeder Körper am selben Ort im Weltall völlig gleichartig fällt – die Astronauten genauso wie das Raumschiff –, fallen alle so, dass keiner die anderen «überholt»:   **»**

» Keiner wird schneller als die anderen; relativ zueinander bleiben sie deshalb «in Ruhe». Die Astronauten können daher im oder neben dem Raumschiff schweben, ohne irgendwo anzustoßen oder fortzufliegen! Ebenso können auch Geräte, Lebensmittel und andere Dinge im Raumschiff «schwerelos» schweben; denn auch sie fallen zwar, aber sie fallen weder schneller noch langsamer als das Raumschiff und bleiben so in ihm in der Schwebe – ein seltsamer, ungewohnter Zustand.

Fragen zum Übungstext

1. Wie viel beträgt die Fallbeschleunigung auf der Erde?

2. Wo ist die Fallbeschleunigung größer: auf dem Jupiter oder auf dem Mond?

3. Ist im luftleeren Raum die Fallbeschleunigung unabhängig vom Material eines Körpers?

4. Warum können die Astronauten neben dem Raumschiff schweben, ohne fortzufliegen?

5. Wie viele Meter legt ein Wattebausch in einer Sekunde zurück, wenn man ihn auf dem Mond fallen lässt?

10. Prüfungsangst bewältigen

Prüfungen sollen darüber Auskunft geben, ob die Schülerinnen und Schüler ihre Lernziele erreicht haben. Diese Lernkontrolle, meist in Form von Klassenarbeiten, ruft nicht selten Angst hervor. In gewissem Maße ist das unvermeidlich, manchmal sogar ein notwendiges inneres Warnsignal, das auf die Gefahr des Versagens hinweist. Tritt sie nicht zu stark auf, schadet sie dir nicht. Doch die übermäßige, starke Angst ist unangenehm und auch schädlich. Besonders dann, wenn die Gedanken nur noch um die bevorstehende Klassenarbeit kreisen:

«Welche Aufgaben werden wohl drankommen?»

«Werde ich sie lösen können?»

«Oh, ich ahne es schon, ich werde schlecht abschneiden!»

«Was werden die Eltern wohl sagen, wenn ich eine schlechte Note nach Hause bringe?»

Solche Angstgedanken lassen in der Amygdala, die im Gehirn für deine Gefühle zuständig ist, die Alarmglocke läuten. Sie veranlasst den Hypothalamus, den Stressmechanismus in Gang zu setzen. Jetzt werden Stresshormone ausgeschüttet, die an den Synapsen den Signaltransport beeinträchtigen, was sich in Form von Denk- und Gedächtnisproblemen äußert.

Auch wenn du immer wieder unter Prüfungsangst leidest, bist du ihr nicht hilflos ausgeliefert. Du kannst sie wirksam bewältigen. Eine große Portion Angst lässt sich von vornherein verhindern, wenn du mit der Klassenarbeitsvorbereitung frühzeitig beginnst. Darauf ist schon in Kapitel 3 «Lernen organisieren» hingewiesen worden. Je früher du mit dem Lernen anfängst, desto weniger gerätst du unter Zeitdruck und desto stressfreier kann dein Gehirn den Lernstoff verarbeiten.

Verschaffe dir am Beginn deiner Vorbereitungen zunächst einmal Klarheit über den Prüfungsstoff. Bestehen da Unsicherheiten, frage lieber noch einmal bei den Klassenkameraden oder beim Lehrer nach. Dann stelle fest, was du nur aufzufrischen brauchst und was du dir noch sehr gründlich erarbeiten musst.

Lerne nicht zu lange am Stück, sondern lege immer wieder Erholungspausen ein. Gleiche die Anspannung durch Entspannung aus. Atme am offenen Fenster tief ein und danach langsam wieder aus. Spanne Arm-, Bauch- und Beinmuskeln kurz an und lockere sie wieder. Oder mach kurze Gymnastikübungen: Kniebeugen oder Liegestütze.

Vermeide das sogenannte Überlernen. Wenn du einen Lernstoff beherrschst und deine Selbstkontrollen gut ausgefallen sind, dann lege ihn beiseite. Suche nicht zwanghaft danach, was sonst noch drankommen könnte. Hab in diesem Fall Mut zur Lücke!

Lass dir Ängste nicht einreden, weder von dir selbst noch von anderen. Kurz vor den Klassenarbeiten ist die Gefahr der Angstinfektion besonders groß. Da sind die Angstmacher am Werk: «Die Arbeit wird sehr schwierig werden!», «Der wird uns bestimmt reinlegen!», «Es wird noch ganz anderer Stoff drankommen!»

Höre nicht auf die Angstmacher! Sie dramatisieren Klassenarbeiten unnötigerweise. Lass dich nicht verrückt machen! Wenn du rechtzeitig angefangen und gründlich gelernt hast, dann hast du allen Grund, Ruhe zu bewahren und Selbstvertrauen zu zeigen. Nimm die Klassenarbeiten nicht wichtiger, als sie tatsächlich sind. Sag zu dir selbst: «Ich werde es schon schaffen, ich hab' mich ja gut vorbereitet.»

Angst lässt sich auch dadurch vermeiden, dass du den Ernstfall probst. Erfinde selbst Aufgaben oder teste dich mit solchen, die im Unterricht schon einmal gestellt wurden. Versuche sie in einem Zeitraum zu lösen, der euch während der Klassenarbeiten gewöhnlich zur Verfügung steht.

Du kannst dich auch zeitweise mit Klassenkameraden auf die Klassenarbeit vorbereiten (siehe Kapitel 4 «Gemeinsam lernen»). Das ergibt jedoch nur Sinn, wenn jeder den Stoff schon allein durchgearbeitet hat. Dann wisst ihr, was ihr nicht verstanden habt und was noch geklärt werden muss. Außerdem hört ihr euch gegenseitig ab. Da kann manche Lücke rechtzeitig entdeckt und beseitigt werden.

Möglicherweise willst du wissen, was von einem Spickzettel zu halten ist. Verwende ihn nicht zum Zweck der Täuschung. Statt eines Spickzettels solltest du dir lieber einen «Übersichtszettel» anfertigen, auf dem die wesentlichen Inhalte des Vorbereitungsstoffes kurz, klar und verständlich zusammengefasst sind. Dadurch vertiefst du den Lernstoff so gründlich, dass sich der Gebrauch des Spickzettels in der Klassenarbeit erübrigt.

Lass das Lernen am Morgen vor der Klassenarbeit sein! Es könnten Erinnerungsblockaden auftreten. Denn der kurz vor der Klassenarbeit aufgenommene Lernstoff stört die Wiedergabe des bereits gespeicherten Wissens. Denk und sprich an diesem Morgen lieber über Dinge und Themen, die möglichst wenig mit der Klassenarbeit zu tun haben.

Und nun ein paar Tipps, wie du dich während der Klassenarbeit verhalten sollst. Lies den Text beziehungsweise die Aufgabenstellung zunächst einmal langsam und bedachtsam durch. Wenn nötig zwei- bis dreimal. Ist eine Aufgabe unklar formuliert, hab den Mut, den Lehrer zu fragen! Rechne und schreibe nicht einfach drauflos. Lass dich nicht durch andere beunruhigen, die scheinbar schon weit vorangekommen sind.

Nimm solche Aufgaben zuerst in Angriff, die dir leicht erscheinen. Wende dich erst dann den schwierigeren zu. Gerate nicht in Panik, wenn dir ein Wort, eine Regel oder eine Zahl nicht sofort einfällt. Oftmals bedarf es einiger Minuten, bis diese ihren Weg vom Langzeitgedächtnis ins Bewusstsein gefunden haben.

Kontrolliere und überlege immer mal wieder, ob das, was du gerechnet, übersetzt oder geschrieben hast, auch tatsächlich stimmt. So lassen sich Fehler frühzeitig finden und ausmerzen.

Wenn du die Klassenarbeit beendet hast, versuche abzuschalten und Abstand zu gewinnen. Sich jetzt Vorwürfe zu machen und den Kopf zu zerbrechen, weil dieses und jenes schiefgelaufen ist, ist sinnlos. Viel nützlicher ist es, durch systematisches Wiederholen Lücken zu schließen sowie die nächste Klassenarbeit wirklich rechtzeitig und gründlich vorzubereiten.

Übung

Sven hat vor Klassenarbeiten riesigen Bammel. Er beginnt mit der Vorbereitung meistens erst tags zuvor. Stundenlang sitzt er da und paukt pausenlos den Stoff ein. Nachts schläft er dann schlecht. Manchmal ist er morgens um fünf Uhr aufgestanden, um neuen Stoff durchzuarbeiten. Auch im Bus guckt er nochmals in Bücher und Hefte. Er fragt Klassenkameraden, was vielleicht noch drankommen könnte. Mit Zittern und Zagen nimmt er dann die Aufgaben in Angriff. Plötzlich weiß er nichts mehr oder bringt vieles durcheinander.

Finde heraus, was Sven falsch macht!

Welche Tipps würdest du ihm geben?

11. Vokabeln lernen

Das Vokabellernen wird nicht selten als trocken und mühsam erlebt. Vielleicht geht es dir ähnlich. Das muss nicht so sein. Wenn dir das Einprägen fremdsprachiger Wörter und Sätze schwerfällt, kannst du dir die Arbeit durch Lerntechniken erleichtern.

Mehrere Lernkanäle zu benutzen ist das A und O des Vokabellernens. Dadurch werden unterschiedliche Hirnfelder aktiviert, was die Einprägung der Wörter sehr erleichtert. Es wäre nicht hirngerecht, wenn du sie hauptsächlich über den Lernkanal «Lesen» in dein Gehirn aufnehmen wolltest. Um sie auf der Großhirnrinde sicher zu verankern, ist Mehrkanallernen vonnöten. Sprich deshalb Vokabeln laut vor dich hin, schreibe sie auf, stelle sie dir bildhaft vor und verknüpfe sie mit Körperbewegungen. Vergiss auch nicht, das zur Vokabel gehörende Satzbeispiel zu erlernen oder mit der Vokabel eigene Sätze zu bilden. Dies kommt der Arbeitsweise des Gehirns, Wissen netzartig zu speichern, sehr entgegen.

Was den Gesamtablauf des Vokabellernens betrifft, empfiehlt sich ein mehrschrittiges Vorgehen. Verschaffe dir zuerst lesend einen Überblick über die zu lernende Vokabelreihe und teile sie in Blöcke von circa sieben bis acht Vokabeln auf, die nacheinander angeeignet werden. Lege zwischen den Blöcken kleine Pausen ein. Grund hierfür ist das geringe Fassungsvermögen deines Arbeitsgedächtnisses. Dieses sortiert sonst das aus, was zu viel ist.

Beginne jetzt mit dem Einprägen des ersten Blocks. Sprich die einzelnen Wortpaare samt Satzbeispielen laut und deutlich der Reihe nach aus. Decke danach die fremdsprachigen Spalten zu und kontrolliere schreibend und sprechend, ob das Gelernte sitzt. Wiederhole diese Kontrolle so lange, bis du die Vokabeln fehlerfrei wiedergeben kannst.

Setze den Vorgang fort, bis der letzte Block in deinem Gehirn abgespeichert ist. Dann ist das Vokabellernen vorerst abgeschlossen, führe aber dennoch am selben Tag eine Wiederholung durch. Diese kannst du verkürzen, indem du nur noch die schwer merkbaren Vokabeln (diese kennzeichnen) prüfst. Die im «Vokabelnetzwerk» deines Gehirns neu gebildeten Kontaktstellen brauchen weitere Wiederholungen in größeren Zeitabständen: nach ein paar Tagen, nach mehreren Wochen, nach einem halben Jahr.

Vokabeln kannst du auch mit Hilfe der Lernkartei lernen. Wie das geht, ist in Kapitel 4 «Lernstoff speichern und abrufen» ausführlich erläutert. Vorteil der Lernkartei ist, dass sie dich zum Wiederholen anhält. Gib Acht, dass die Vokabeln auf deinen Karten korrekt geschrieben sind, sonst prägst du dir Fehlerhaftes ein.

Des Weiteren lassen sich Vokabeln auch mit dem Computer erlernen. Achte beim Kauf von Vokabelsoftware darauf, dass sie zu deinem Lehrbuch passt. Viele Schulen bieten heute auch auf ihrer Website eigene Lernprogramme an.

Trotz der Möglichkeit, Vokabeln auch auf elektronischem Weg zu erlernen, solltest du auf das Anlegen eines Vokabelheftes nicht verzichten. Zu empfehlen ist ein Heft mit dreispaltigem Layout, damit du auch Satzbeispiele eintragen kannst.

Übung

1. Lies jedes Wortpaar laut.
2. Schreibe die Vokabelliste ab.
3. Bilde mit jeder Vokabel einen kleinen Satz.
4. Wiederhole die Vokabelliste nochmals still lesend.
5. Decke die englischen Wörter ab und übersetze die deutschen Wörter sprechend und schreibend ins Englische.
6. Wiederhole und prüfe die nicht gewussten Wörter, bis sie sitzen.

to enjoy	genießen
job	Arbeit, Beruf
anyhow	irgendwie
owner	Eigentümer
wrong	falsch
silly	albern, töricht
to smoke	rauchen
weak	schwach
stranger	Fremder
mistake	Fehler
armchair	Lehnstuhl

12. Grammatik beherrschen

Sowohl im Fach Deutsch als auch in den Fremdsprachen muss Grammatik gelernt werden. Ohne dieses Regelsystem kann Sprache nicht funktionieren. Die Hirnregion, die für Grammatik zuständig ist, ist das im Stirnlappen gelegene Broca-Zentrum.

Wenn du dir Grammatik aneignen willst, vermeide das sture Auswendiglernen von Regeln. Das Gehirn mag solch abstrakte Lerninhalte nicht und vergisst sie rasch wieder. Was es mag, sind möglichst viele Beispiele. An diesen wird ihm erstens die Regel klar und zweitens findet eine Verknüpfung zwischen Regel und Beispielen statt.

Für das konkrete Grammatiklernen bieten sich zunächst die in jedem Grammatikbuch oder Grammatikteil vorhandenen Beispielsätze an. Schaue diese nicht nur an, sondern lies sie laut und langsam. Noch wirksamer ist es, wenn du Sätze, in denen eine Regel zur Anwendung kommt, in Texten suchst oder selbst solche formulierst. Oder du greifst aus einem Text einen Satz heraus und überlegst, welche Regeln in den Wörtern und in der Satzkonstruktion zum Ausdruck kommen. Welche Zeit? Welcher Fall? Welche Person?

Hast du deinen Grammatikstoff zwar verstanden, aber bereitet dir das Merken bestimmter Gesetzmäßigkeiten Probleme, lege eine Grammatik-Lernkartei an. Auf die Vorderseite der Karten kommt der grammatikalische Begriff, auf die Rückseite die Bedeutung sowie Beispielsätze. Wiederhole diese Grammatikkarten in regelmäßigen Abständen, ganz besonders aber vor Klassenarbeiten.

Ebenfalls hilfreich ist das Grammatiklernen mit Hilfe von Merkversen. Wenn trockene Regeln in Reime verpackt werden, lassen sie sich leichter einprägen (siehe Kapitel 5 «Lernstoff speichern und abrufen»). Man kann solche Eselsbrücken zum einen selbst texten, zum anderen findest du viel Bewährtes in Lehrbüchern und im Internet. Wer sich etwa die Regel einprägen möchte, dass im Englischen bei Verben in der 3. Person Singular *present tense* an das Verb immer ein s angehängt wird, lernt folgenden Vers: «He, she, it – das ‹s› geht mit.»

Auch eine Lückenanalyse kann deine Grammatikkenntnisse verbessern helfen. Nimm bereits geschriebene Klassenarbeiten zur Hand und stelle deine Grammatiklücken fest. Schließe diese mit Hilfe des Lehrbuchs oder mit einer zum Lehrbuch passenden Grammatik-Lernsoftware.

Förderlich für das Grammatiklernen ist schließlich, wenn du selbst ein Grammatikheft führst. Trage darin die wichtigsten Regeln mit Mustersätzen ein. Hebe grammatikalische Besonderheiten durch Farben, Unterstreichungen und kleine Zeichnungen hervor. Und lege darin fortlaufend ein Verzeichnis der wichtigsten grammatikalischen Grundbegriffe an.

Übung

Überprüfe, ob du die wichtigsten grammatikalischen Grundbegriffe kennst. Füge in die dritte Spalte Beispiele ein.

Begriff	Bedeutung	Beispiel
Adjektiv	Eigenschaftswort	
Adverb	Umstandswort	
adverbiale Bestimmung	Umstandsbestimmung	
Akkusativ	Wenfall, 4. Fall	
Aktiv	Tatform	
Apposition	Beisatz	
Artikel	Begleiter des Substantivs/ Nomens	
Attribut	erklärende Beifügung	
Dativ	Wemfall, 3. Fall	
Deklination	Beugung von Haupt-, Für-, Zahl- und Eigenschaftswörtern	
Demonstrativpronomen	hinweisendes Fürwort	
Femininum	weibliches Geschlecht	

Begriff	Bedeutung	Beispiel
Finalsatz	Umstandssatz des Zweckes	
Futur	Zukunft	
Genitiv	Wessenfall, 2. Fall	
Genus	grammatisches Geschlecht	
Imperativ	Befehlsform des Verbs	
Indikativ	Wirklichkeitsform des Zeitworts	
Infinitiv	Grundform des Zeitworts	
Interjektion	Ausrufewort	
Interrogativpronomen	fragendes Fürwort	
Kasus	grammatischer Fall	
Kausalsatz	Umstandssatz des Grundes	
Konditionalsatz	Bedingungssatz	
Konjugation	Beugung von Zeitwörtern	
Konjunktion	Bindewort	
Konjunktiv	Möglichkeitsform des Zeitworts	
Konsekutivsatz	Umstandssatz der Folge	
Konzessivsatz	Gliedsatz: Einschränkung	
Maskulinum	männliches Geschlecht	
Modus	Aussageweise des Zeitworts	
Modalsatz	Umstandssatz der Art und Weise	
Modalverb	Zeitwort der Aussageweise	

Begriff	Bedeutung	Beispiel
Nomen (Substantiv)	Hauptwort	
Nominativ	Werfall, 1. Fall	
Numerale	Zahlwort	
Numerus	Anzahl (Singular, Plural)	
Objekt	Satzergänzung	
Partizip Perfekt	Mittelwort der Vergangenheit	
Partizip Präsenz	Mittelwort der Gegenwart	
Passiv	Leideform des Zeitworts	
Perfekt	vollendete Gegenwart	
Personalpronomen	persönliches Fürwort	
Plural	Mehrzahl	
Plusquamperfekt	vollendete Vergangenheit	
Possessivpronomen	besitzanzeigendes Fürwort	
Prädikat	Satzaussage	
Präposition	Verhältniswort	
Präsens	Gegenwart	
Präteritum	Vergangenheit	
Pronomen	Stellvertreter des Nomens	
Relativpronomen	bezügliches Fürwort	
Singular	Einzahl	
Subjekt	Satzgegenstand	
Substantiv (Nomen)	Hauptwort	
Temporalsatz	Umstandssatz der Zeit	
Tempus	Zeitform	
Verb	Zeitwort	

13. Fremdsprachenverständnis verbessern

Eine fremde Sprache erwirbst du nicht allein durch Vokabel- und Grammatiklernen. Hinzukommen muss die Übung des Sprachverständnisses. Hierfür gibt es in deinem Gehirn zwei Areale. Zum einen ist es das Wernicke-Zentrum, das im Übergangsbereich zwischen Scheitel- und Schläfenlappen liegt und für das Hörverstehen zuständig ist. Zum anderen handelt es sich um das Lesezentrum im Scheitellappen, zuständig für die Steuerung des Leseverstehens.

Ein erster Weg zum Training des Fremdsprachenverständnisses ist das Lesen von Büchern, Zeitungen und Zeitschriften. Dabei genügt es, auszugsweise zu lesen. Wenn du liest, lies nicht nur leise, sondern stellenweise laut. Durch die Klangbilder lassen sich Satzgefüge, Wörter und Ausdrücke besser speichern. Gute Trainingserfolge bringt auch das Radiohören in der fremden Sprache. Als weitere Lernhilfe ist das Lesen zweisprachiger Bücher zu nennen. Wenn du davon Gebrauch machst, vergleiche nur an schwierigen Stellen mit dem deutschen Text.

Eine weitere Übungsgelegenheit sind fremdsprachige Fernsehsendungen und Filme. Manche Kinos zeigen Spielfilme in Originalsprache, oft auch mit Untertiteln in derselben Sprache. Und schließlich bieten sich fremdsprachige Videofilme an. Wenn du dir zu Hause Filme auf DVD ansiehst, kannst du stoppen und eine Szene erneut abspielen, falls du sie sprachlich nicht verstanden hast.

Nutze auch das Internet als Trainingsort. Du kannst mit ausländischen Schülerinnen und Schülern per Brief oder E-Mail korrespondieren, Online-Zeitungen lesen, Internetradio hören, dir Videoclips und Filme ansehen, Seiten zu jedem interessierenden Thema finden, lesen und herunterladen. Und im Internet befinden sich auch Fremdsprachen-Portale mit Online-Wörterbüchern und Trainingsprogrammen. Erstelle eine Linksammlung dich interessierender Fremdsprachenseiten und besuche sie immer mal wieder.

Sprachverständnis und Sprachgefühl kannst du ebenso gut im Dialog trainieren. Nutze, wo immer möglich, das Gespräch in einer Fremdsprache – sei es hier bei uns oder bei einem Urlaub im Gastland. Besonders zu empfehlen sind ein Sprachkurs im Ausland oder gar ein längerer Aufenthalt als Gastschüler.

Und schließlich noch eine Übungsempfehlung. Wenn du gerne Musik hörst, verwende Songs als Lernmittel. Höre dir deine Lieblingssongs an, lies den Text und singe mit. Finde den Sinn des Songs heraus. Und übersetze ihn ins Deutsche.

Übung

Sieh dir einen fremdsprachigen Film auf DVD an. Stoppe, wenn du den Dialog einer Szene nicht verstanden hast, und lasse sie nochmals ablaufen. Halte den Filmverlauf in Form einer Stichwortkette in der Fremdsprache fest.

14. Texte übersetzen

Das Übertragen von einer Sprache in eine andere ist eine geistige Handlung, an der mehrere auf Sprachverarbeitung spezialisierte Hirnzentren mitwirken. Ein reines Übersetzungsmodul existiert auf der Großhirnrinde nicht.

Bevor du einen fremdsprachigen Text übersetzen kannst, musst du seinen Sinn verstanden haben. Erfasse ihn, indem du den Text zunächst von Anfang bis Ende liest. Unterstreiche dabei die Schlüsselwörter. Dadurch legst du den sinntragenden Unterbau des Textes frei. Jetzt kennst du den Gesamtzusammenhang, und du hast einen roten Faden für das Übersetzen.

Unterlasse das Wort-für-Wort-Übersetzen. Bevor du die Wörter zu einem Satz kombinierst, durchdenke den Satzsinn. Bilde im Kopf einen Probesatz und überlege, ob er einen richtigen Sinn ergibt. Verfasse dann den deutschen Satz in einem guten Stil. Entferne dich beim Formulieren aber nicht zu weit vom Wort- und Textsinn. Ansonsten könnte dir ein zu freies Übersetzen als Fehler angekreidet werden.

Bist du mit der Übersetzung fertig, kontrolliere nochmals, ob alle Wörter richtig übersetzt worden sind, ob die Grammatik stimmt und die deutsche Rechtschreibung korrekt ist.

Falls du in der Klassenarbeit Wörterbücher benutzen darfst oder eine Übersetzung zu Hause anfertigst, versuche unbekannte Wörter lieber nicht zu erraten, sondern schlage sie nach.

Da jedem Menschen beim Übersetzen immer wieder dieselben Fehler passieren, empfiehlt sich auch hier bisweilen eine Fehleranalyse. Nimm vergangene Klassenarbeiten zur Hand und überprüfe, welche Fehler dir besonders häufig unterlaufen sind. Diese beseitigst du, indem du die Grammatik- und Wortschatz-Lücken durch gezieltes Wiederholungslernen schließt.

Übung

1. Lies den Text zunächst einmal durch.
2. Schlage unbekannte Wörter nach.
3. Mache das Textskelett sichtbar, indem du Schlüsselwörter heraus-findest und unterstreichst.
4. Übersetze den Text ins Deutsche.
5. Lies deine Übersetzung nochmals durch und überprüfe den Sinn und den Stil deiner Sätze.

Life on Board a Ship

It was not much fun to travel on one of the old sailing ships. Life was hard for both, passengers and crew. 17th century sailing ships were small and rolled heavily in rough seas, so most of the passengers were seasick. There were no toilets, and the spaces below deck where passen-gers had to stay during gales were often not more than 5 ft high. Water was scarce and the little water they got was brown and smelt terrible.

Food was a problem, too – there was only salted meat, ship's biscuits and cheese, but the cheese was so hard that sailors often made buttons out of it for their jackets and trousers. There were no vegetables or fruit, so the people on board often fell ill.

The sailors, however, were a bit better off than the passengers. They each had a gallon of beer a day, and they needed it. The work they had to do was hard and dangerous. Courage was needed, for the heavy sails had to be set and taken down in all kinds of weather, and quite often sailors were swept overboard in a gale.

Almost the worst thing about the voyages was the time they took – up to 70 days for the journey across the Atlantic. Not surprisingly, every-body was overjoyed when they at last approached land and stepped ashore. But some ships never arrived.

15. Rechtschreibfehler vermeiden

Die Gefahr, dass sich in deine Texte und Diktate der Fehlerteufel einschleicht, ist nicht gering. Um sie abzuwenden, brauchst du ein sicheres rechtschriftliches Wissen. Dessen Speicherort ist eine Hirnregion im Scheitellappen, die auch als Rechtschreibzentrum bezeichnet wird. In diesem inneren Lexikon werden die Wortbilder in Form von Neuronengruppen abgelegt und bei Bedarf wieder abgerufen.

Viele Rechtschreibfehler sind vermeidbar, wenn schwierige, nicht lauttreue Wörter mehrkanalig ins Gedächtnis aufgenommen werden. Sieh dir nicht nur die Schriftbilder schwieriger Wörter an, sondern sprich sie deutlich aus. Stelle sie dir dann bei geschlossenen Augen innerlich vor. Und gib sie abschließend schreibend wieder. Dieses Einprägeverfahren bewirkt auf deiner Großhirnrinde eine Mehrfachverankerung. Eine weitere merktechnische Hilfe ist die Verdeutlichung von Worteigenarten durch Bilder. Wenn du Schwierigkeiten mit dem Dehnungs-h im Wort «Lehrer» hast, stellst du dir einen auf dem Stuhl (sieht aus wie ein h) sitzenden Lehrer vor.

Ebenso erleichtert wird das Rechtschreiben durch das Finden von Ableitungen, durch das Trennen oder Verlängern von Wörtern. Trennst du «Puppe» beim Sprechen, wird hörbar, dass das Wort mit zwei p geschrieben wird. Verlängerst du «Abend» zu «Abende», wird deutlich, dass Abend am Wortende ein d hat. Und nicht zuletzt bietet sich dir auch die Strategie des Ableitens an, indem du nach der Stammform des Wortes suchst und dadurch den Zweifel behebst. Angenommen, du bist dir nicht sicher, ob «gräulich» mit e oder ä geschrieben wird. Nun rufst du das Stammwort «grau» in Erinnerung und stellst fest, dass es ein ä sein muss.

Richtig schreiben lernst du außerdem durch die Aneignung und Anwendung von Rechschreibregeln. Diese bekommst du zum einen im Deutschunterricht vermittelt. Zudem stehen die wesentlichen Regeln der Rechtschreibung und Zeichensetzung im Duden, dem Standardwerk der deutschen Rechtschreibung. Informiere dich dort aber nicht nur über

Rechtschreibregeln, sondern benutze das Buch immer, wenn du unsicher in der Schreibung eines Wortes bist.

Mehr Rechtschreibsicherheit lässt sich auch durch Übungsdiktate erreichen. Lass dir von Familienangehörigen oder Mitschülern aus Trainingsbüchern Diktate geben, die auf deine Klassenstufe und deine Fehlerschwerpunkte abgestimmt sind. Besonders geeignet sind Bücher, die nicht nur Diktate, sondern auch dem jeweiligen Rechtschreibbereich (z. B. Dehnung und Schärfung) vorangestellte Vorübungen oder Vorinformationen enthalten.[1] Ist das Übungsdiktat fertig, korrigiere die Fehler und schreibe die falsch geschriebenen Wörter nochmals in korrekter Form.

Rechtschreiben kannst du darüber hinaus mit Lernsoftware üben. Zu empfehlen sind Programme, die eine Nachbehandlung der am häufigsten falsch geschriebenen Wörter ermöglichen und den Lernfortschritt in Form einer Erfolgsstatistik aufzeigen.

---

[1] Duden: 150 Diktate. 5.–10. Klasse. Regeln und Texte zum Üben. Mannheim: Bibliographisches Institut 2010 (3. Aufl.).

Übung

- Finde anhand der Checkliste deine Fehlerschwerpunkte heraus.
- Ordne die Rechtschreibfehler deiner zuletzt geschriebenen Diktate oder Aufsätze mittels einer Strichliste im Feld «Häufigkeit» den einzelnen Fehlerbereichen zu.
- Baue die Fehlerschwerpunkte durch gezieltes Üben ab.

Fehlerart	Beispiel	Häufigkeit
Groß- und Kleinschreibung	beim lernen statt beim Lernen	
Dehnung	Zan statt Zahn	
Schärfung	renen statt rennen	
Verwechslung ähnlich klingender Konsonanten	Fogel statt Vogel	
Verwechslung ähnlich klingender Vokale	Ältern statt Eltern	
s-ss-ß	blos statt bloß	
Zusammen- und Getrenntschreibung	Ich bin radgefahren statt Ich bin Rad gefahren	
Zeichensetzung	Falsche oder fehlende Kommasetzung	
Trennung	trö-sten statt trös-ten	
Fremdwörter	Elephant statt Elefant	
Sonstige Fehler		

16. Aufsätze schreiben

Wie aus einem Thema ein abgeschlossener Aufsatz wird, ist eine komplizierte Hirntätigkeit. Zunächst bildet das Bewusstsein zum Aufsatzthema gedankliche Vorstellungen. Mit Hilfe des inneren Lexikons im Wernicke-Zentrum werden diese Vorstellungen in Worte gefasst. Und unter Kontrolle des für die Grammatik zuständigen Broca-Zentrums entstehen aus den Worten Sätze. Schließlich sorgen die in der motorischen Großhirnrinde gelegenen Steuerfelder in Zusammenarbeit mit dem Kleinhirn dafür, dass die Sätze durch Schreibbewegungen zu Papier gebracht werden.

Nur wenige Schülerinnen und Schüler sind in der Lage, sofort nach der Themenwahl einen Aufsatz problemlos niederzuschreiben. Dennoch wird von vielen unter Aufsatz sofortiges Aufsetzen verstanden. Wenn du nicht gerade zu den Stegreif-Schriftstellern gehörst, solltest du vor dem Aufsetzen Gedanken sammeln und diese gliedern. Dafür gibt es zwei Vorgehensweisen. Die eine besteht darin, dass du alles, was dir zum Thema einfällt, auf einem Blatt stichwortartig notierst und nach dem Muster «Einleitung – Hauptteil – Schluss» grob gliederst. Alternativ dazu bietet sich das Mind-Mapping an (siehe Kapitel 8). Schreibe in die Mitte der Map das Aufsatzthema und auf die Hauptäste deine Hauptgedanken. Trage dann das, was dir zu den Hauptgedanken einfällt, auf den Nebenästen ein. Beide Vorgehensweisen beugen der Gefahr vor, den Faden zu verlieren. Und du hast auch mehr Luft zum Formulieren.

Wenn du ein guter Aufsatzschreiber werden möchtest, musst du die Gestaltungsregeln und Stilmerkmale der verschiedenen Aufsatzformen kennen. Die entsprechenden Lernhilfebücher stellen Musteraufsätze vor. Diese solltest du kennen.

Egal, um welche Aufsatzform es sich handelt, beachte beim Schreiben einige Grundregeln:

- Halte den Stil durch.
- Vermeide möglichst Wortwiederholungen.
- Begrenze die Satzlänge.
- Mache immer mal wieder einen Absatz.
- Baue zwischen den Gliederungspunkten beziehungsweise Aufsatzteilen Übergänge ein.
- Überprüfe anhand deiner zuvor erstellten Gliederung zwischendurch, ob du beim Thema geblieben bist.
- Lies am Schluss den Text nochmals durch und verbessere Ausdruck-, Grammatik- und Rechtschreibfehler.

Schließlich noch ein Tipp: Flüssiges Schreiben lernst du letztlich nur durch regelmäßiges Schreiben. Hierzu bietet sich zum einen an, ein Tagebuch zu führen. Zum anderen lässt sich die Schreibroutine auch durch intensives Briefeschreiben und ausführliche E-Mails verbessern.

Übung

Trage in das folgende Raster stichwortartig die Hauptmerkmale der wichtigsten Aufsatzformen ein. Du findest diese sowohl im Internet (Suchstichwort: Aufsatzformen) als auch in Aufsatz-Trainingsbüchern (z. B. Duden – 150 Aufsatzübungen 5. bis 10. Klasse: Alle Aufsatzformen)

Erlebniserzählung	
Nacherzählung	
Beschreibung	
Inhaltsangabe	
Gedicht-interpretation	
Textinterpretation	
Erörterung	

17. Textaufgaben lösen

Sowohl in der Mathematik als auch in den naturwissenschaftlichen Fächern werden häufig Textaufgaben gestellt. Aus einem Textzusammenhang heraus muss erfasst werden, welche Gesetze, Formeln und Rechenverfahren zur Lösung einer Aufgabe wie eingesetzt werden. Am Lösen solcher Problemstellungen sind unterschiedliche Hirnareale beteiligt. Zunächst wird das Lesezentrum aktiv, um den Textinhalt zu entschlüsseln. In einem anderen Bereich der Sehrinde wird das Gelesene in ein lösungsorientiertes Vorstellungsbild umgesetzt. Das rechnerische Lösungsverfahren läuft dann in speziellen Zahlen-Arealen ab.

Textaufgaben sind knifflig und immer wieder eine Herausforderung, denn du musst den Text zunächst einmal verstanden und einen Lösungsansatz gefunden haben. Wie dir das gelingt, hängt zu einem Gutteil von deiner Herangehensweise ab.

Bevor die Aufgabe lösbar wird, musst du sie sorgfältig lesen – besser zweimal als einmal. Unterstreiche beim Lesen wichtige Wörter. Erkläre dir den Textinhalt anschließend in eigenen Worten. Jetzt bist du so weit, um die folgenden zwei Fragen zu beantworten:

- Was ist gegeben?
- Was ist gesucht?

Um dir den Sachverhalt besser vorstellen zu können, fertige eine kleine Zeichnung an. Dadurch wird die Denkarbeit deines Gehirns entscheidend unterstützt. Ebenso hilfreich sind drei weitere Fragen:

- Welche Regeln kann ich anwenden?
- Habe ich schon einmal eine ähnliche Aufgabe bearbeitet?
- Wie habe ich diese ähnliche Aufgabe gelöst?

Überlege jetzt genau, welchen rechnerischen Lösungsweg du beschreiten willst. Falls zeitlich möglich, führe eine Modell-Lösung durch. Letzteres bedeutet, schwierige durch einfache Zahlenwerte zu ersetzen. Dieser Probelauf sagt dir, ob du auf dem richtigen Weg bist.

Wenn du rechnest, trenne Haupt- und Nebenrechnungen voneinander. Somit behältst du die Übersicht über den gesamten Rechenvorgang. Unterbrich diesen nach jedem Zwischenergebnis und kontrolliere seine Richtigkeit. Dadurch beugst du frühzeitig dem Misserfolg vor. Wenn du erst nach einem falschen Endergebnis mit der Fehlersuche beginnst, verlierst du viel Zeit.

Vergleiche bei naturwissenschaftlichen Aufgaben die Ergebnisse immer mal wieder mit der Wirklichkeit. Beträgt die Durchschnittsgeschwindigkeit des Fußgängers im Ernst 80 Stundenkilometer? Denke nicht nur in Rechenwegen und bloßen Zahlen, sondern in Größenordnungen aus der Sicht des gesunden Menschenverstandes.

Bevor du den Rechenvorgang mit einem vollständigen Antwortsatz abschließt, kontrolliere vorher nochmals, ob das Endergebnis korrekt errechnet worden ist.

Es kann vorkommen, dass du trotz der Anwendung von Lösungstechniken den Weg nicht findest. Obwohl dies zum Aufgeben verleitet, wäre es falsch, sich mit der Fragestellung nicht weiter zu beschäftigen. Wechsle zu anderen Aufgaben, kehre dann wieder zu deiner «Problemaufgabe» zurück und nimm sie erneut in Angriff. Häufig führt diese Strategie zum Erfolg, weil das Gehirn unbewusst an Problemstellungen weiterarbeitet.

Wenn dir das Textaufgaben-Lösen seit einiger Zeit Schwierigkeit bereitet, könnte ein Mangel an Übung ein wesentlicher Grund sein. Dieser kann behoben werden durch regelmäßiges Textaufgabentraining. Eine Trainingsmethode ist das Üben schwieriger, bereits gerechneter Textaufgaben nach dem Lernkartesystem (siehe Kapitel 5 «Lernstoff speichern und abrufen»). Schreibe auf die Vorderseite die Fragestellung, auf die Rückseite den Lösungs- beziehungsweise Rechenweg. Eine andere Trainingsmethode ist das Wiederholungslernen mit Hilfe von Lernhilfebüchern oder Lernsoftware.

Übung

Löse die folgende Textaufgabe schrittweise. Wende dabei die Lösungstechniken so an, wie sie in diesem Kapitel beschrieben worden sind.

1. Lies den Text konzentriert durch und unterstreiche wichtige Angaben!

   Herr Bauer bezahlte für den Zaun um sein Grundstück 2476,80 €. Die eingezäunte Fläche ist 29 m lang und 23 m breit. Für zwei Einfahrten bleiben jeweils 4 m frei. Sein Nachbar hatte für einen Meter des gleichen Zauns 27,65 € bezahlt.

   a) Wie hoch ist der Preisunterschied je m Zaun?

   b) Wie hoch ist der Unterschied zwischen den Gesamtpreisen?

2. Was ist gegeben?

3. Was ist gesucht?

4. Stelle den Text in Form einer Zeichnung dar!

5. Rechne!

»

» 6. Kontrolliere!

7. Schreibe die Antwortsätze!

18. Referate verfassen und halten

Ein Referat ist im Grunde genommen ein großer Aufsatz. Im Gegensatz zum «kleinen Aufsatz» steht dir jedoch wesentlich mehr Zeit zum Schreiben zur Verfügung und du darfst zum Referatsthema mit mehr Ruhe Material sammeln und auswerten. Die Leistung, die du dabei erbringst, verlangt deinem Gehirn einiges ab. Zum einen müssen auf deiner Großhirnrinde viele Informationen zu einem Text zusammengeführt und zu neuen Neuronen-Netzen verknüpft werden. Zum anderen sind während deines Vortrags die Sprach-Areale gefordert, um die richtigen Worte zu finden und die Sprechwerkzeuge zu steuern. Außerdem bemüht sich der vorderste Teil deines Stirnhirns darum, dass dein Gefühlshirn (limbisches System) nicht zu viel Lampenfieber erzeugt.

Wenn du ein Referat vorbereitest, musst du erst einmal planen, wann du die einzelnen Arbeitsschritte erledigen möchtest (siehe Übung unten). Danach beginnt die inhaltliche Arbeit, indem du dich zu dem Thema kundig machst. Zum einen rufst du aus deinem Langzeitgedächtnis das ab, was du schon weißt. Zum anderen suchst du gezielt Informationen in Büchern, Zeitschriften und Internetquellen. Wenn du Suchprobleme hast, wird dir dein Fachlehrer weiterhelfen.

Ein erster Suchort ist das Internet. Um gute Suchergebnisse zu erzielen, musst du dich ein wenig mit den Suchmaschinen vertraut machen. Hier bietet sich zum Beispiel an, dass du die «erweiterte Suche» von Google besuchst beziehungsweise deren Funktionen anzuwenden lernst. Ergeben deine Suchbegriffe zu viele Resultate, präzisiere diese und starte die Suche erneut. Bist du mit dem Suchergebnis unzufrieden, weil es zu klein ausgefallen ist, verwende ein allgemeineres Suchwort. Speichere oder drucke nur jene Seiten, die dir wirklich wichtig erscheinen. Ansonsten drohst du in der Informationsflut zu ertrinken.

Ein ebenso wichtiger Suchort ist die nächstgelegene öffentliche Bibliothek. Durchsuche vorher online den Bibliothekskatalog, ob zu deinem Thema

Bücher oder Zeitschriften vorhanden sind. Bist du fündig geworden, schreibe deren Signatur auf, damit du später in der Bibliothek den Standort des Buches findest. Verschaff dir vor Ort einen ersten Einblick in das Werk. Erscheint es dir informationsträchtig, leihe es aus oder kopiere daraus wichtige Seiten.

Lexikonartikel (online sowie in gedruckter Form) verschaffen dir einen guten Überblick über das Themenfeld. Und versäume nicht, Personen innerhalb und außerhalb der Familie zu fragen, ob sie über spezielles Wissen zu deinem Thema verfügen.

Hast du genügend Material gefunden, beginne mit der Auswertung. Durchsuche es nach Informationen, die zu deinem Thema passen. Markiere diese in Kopien durch Unterstreichen und in geliehenen Büchern und Zeitschriften mit Hilfe von Haftstreifen. Übertrage wesentliche Inhalte auf Karteikarten oder Ringbuchblätter – entweder in eigenen Worten oder in Form von Zitaten. Notiere auf der Karte oder auf dem Blatt deine Quellen, also woher die Informationen stammen. Wenn sie Büchern oder Zeitschriftenartikeln entnommen sind, gib den Autor, den Titel, den Erscheinungsort sowie das Erscheinungsdatum an, bei Onlinequellen die Internetadresse mit Datum.

Jetzt ist es an der Zeit, eine Gliederung zu erstellen. Die Grobgliederung ist dieselbe wie beim Aufsatz: Einleitung – Hauptteil – Schluss. Bringe innerhalb dieser drei Teile die Ober- und Unterbegriffe in eine logische Reihenfolge.

Achte bei der anschließenden Reinschrift auf einen sachlich richtigen und klaren Ausdruck. Übernimmst du aus einem fremden Text einen Satz wörtlich, kennzeichne ihn durch Anführungs- und Schlusszeichen.

Stelle in einem Literaturverzeichnis deine benutzten Quellen zusammen.

Gib dem Text abschließend einen stilistischen Feinschliff und bessere Rechtschreibfehler aus.

Ein ausformulierter Text wird dann nicht verlangt, wenn es um ein mündliches Referat geht. In diesem Fall genügt eine stichwortartige Vortragshilfe. Reicht dir diese nicht aus und fühlst du dich unsicher, kannst du freiwillig ein schriftliches Referat anfertigen.

Wenn Referate zu halten sind, wird erwartet, dass der Vortragende nicht vom Blatt oder von der Folie wörtlich abliest, sondern frei spricht. Freies

Sprechen heißt jedoch nicht, dass du keine Unterlagen benutzen darfst. Im Gegenteil, diese sind auf jeden Fall erlaubt beziehungsweise zu empfehlen. Hilfreich ist ein Stichwortzettel, der die wichtigsten Kerngedanken enthält. Denselben Zweck erfüllt auch eine Mind-Map. Und du kannst auch einen Stapel Karten, auf denen der Inhalt telegrammartig notiert ist, verwenden.

Wenn du vor dem Referat Lampenfieber verspürst, nimm es nicht zu tragisch. Ähnliche Anspannung verspüren auch viele Schauspieler und Fernsehmoderatoren. Verhindere ein zu starkes Ansteigen deines Adrenalinspiegels, indem du ein paarmal tief ein- und ausatmest. Falls dir Angstgedanken zu schaffen machen, sage innerlich zu dir: «Schluss damit, so will ich nicht weiterdenken!» Stelle dir stattdessen vor, wie gut du den Vortrag über die Bühne bringst.

Nimm am Vortragsbeginn freundlichen Blickkontakt mit den Zuhörern auf und starte mit einer motivierenden Einleitung. Sie soll kurz sein, die Aufmerksamkeit wecken, an das Vorwissen der Klasse anknüpfen und eine Übersicht vermitteln.

Wenn du den Hauptinhalt vorträgst, sprich deutlich und nicht zu schnell. Verwende kurze, einfache und klare Sätze. Der Zuhörer ist kein Leser! Bandwurmsätze strapazieren seine Aufnahmefähigkeit. Hörerfreundlich ist es auch, wenn du hin und wieder schwierige Begriffe erklärst und zwischen den Hauptpunkten Übergänge einbaust. Ansonsten gerät der Vortrag zu einem Reizbombardement, das dem Gehirn deiner Zuhörer nicht guttut. Stressvermeidend ist es auch, wenn die Präsentation nicht länger als 30 Minuten dauert.

Versäume es nicht, deinen Vortrag durch Medien zu unterstützen. Hierfür bieten sich folgende Möglichkeiten an:

• Poster auf der Stellwand oder am Flipchart
• Folienpräsentation mit dem Tageslichtprojektor
• Powerpointpräsentation mit dem Beamer.

Präsentierst du mit Hilfe von Folien, gestalte sie leserlich, überlade sie nicht inhaltlich und halte ihre Anzahl in Grenzen. Mach dich vor der Präsentation rechtzeitig mit der Bedienung der technischen Hilfsmittel vertraut und prüfe, ob alles auch funktioniert.

Gestalte den Schlussteil wirklich kurz und begehe nicht den Fehler, den Vortrag nochmals zu wiederholen. Ein paar knackige Schlussfolgerungen sind der richtige Schluss! Abschließend kannst du den Zuhörern eine schriftliche Kurzzusammenfassung im Umfang einer DIN-A4-Seite aushändigen.

Falls nach deiner Präsentation eine Diskussion gewünscht wird, frage zunächst, ob etwas nicht verstanden worden ist. Sind die Verständnisfragen gestellt und beantwortet, fordere deine Klassenkameraden auf, ihre Meinung zu deinem Referatsthema kundzutun. Achte darauf, dass dieser Austausch nach Gesprächsregeln verläuft:

- Meldet euch!
- Unterbrecht den anderen nicht!
- Fasst euch kurz!

Wenn dir der freie Vortrag schwerfällt, führe zu Hause eine Probepräsentation durch. Falls möglich, bitte Freunde, Geschwister oder Eltern, dabei anwesend zu sein und rückzumelden, was gut war und was noch verbessert werden muss. Wenn du das nicht möchtest, probe den Ernstfall allein vor dem Spiegel.

Abschließend noch ein warnender Hinweis: Wer Referate verfassen und halten muss, ist der Versuchung ausgesetzt, diese per Download aus dem Internet herunterzuladen und als sein eigenes Werk auszugeben. Tu dies bitte nicht, denn Lehrer finden schnell heraus, woher der Text stammt. Die Folge ist eine schlechte Note. Außerdem lernst du auf diese Weise nichts dazu.

Übung

Gut geplant ist halb referiert! Mach dir deshalb vor dem Arbeitsstart einen Vorbereitungsplan. Lege fest, von wann bis wann du welche Arbeitsschritte erledigen möchtest. Prüfe zwischendurch, ob du deine Zeitvorgaben einhältst.

Arbeitsschritt	Zeitraum
Material suchen	
Material auswerten	
Gliederung entwerfen	
Reinschrift/Stichwort-konzept erstellen	
Ernstfall proben	

19. Allgemeine Lerntipps kurz und bündig

- Schiebe das Lernen nicht auf. Tu's gleich, dann kannst du die Freizeit umso mehr genießen. Vergleiche die Vorteile rascher Erledigung mit den Nachteilen des Aufschiebens.
- Sei dir stets im Klaren, welche Schul- und Freizeittermine auf dich zukommen. Behalte den Überblick mit Hilfe eines Terminkalenders oder Terminposters.
- Bereite dich auf Klassenarbeiten nicht kurz davor, sondern ausreichend früh vor. Teile den Vorbereitungsstoff in Portionen auf. Vermerke in deinem Terminkalender, wann du sie lernen möchtest.
- Führe ein Hausaufgabenheft. Trage darin deine schriftlichen und mündlichen Hausaufgaben ein. Erledige sie möglichst an dem Tag, an dem sie aufgegeben worden sind.
- Mache die Hausaufgaben zu festen Zeiten, wobei sich diese je nach Wochentag unterscheiden dürfen. Wenn dir der Hausaufgabenstart schwerfällt, fertige einen kleinen Tagesplan an. Hake ab, was du erledigt hast.
- Achte auf eine ordentliche Heftführung. Versieh deine Hefteinträge mit Überschrift und Datum. Schreibe und zeichne sauber. Arbeite Unterrichtsmitschriften zu Hause nochmals durch. Schlag nach oder frage jemanden, wenn du etwas nicht verstanden hast.
- Lerne möglichst immer am gleichen Arbeitsplatz. Räume ihn vorher auf. Lege Dinge weg, die dich ablenken könnten. Schalte akustische Störquellen aus. Achte darauf, dass das Licht weder zu grell noch zu matt ist.
- Benutze beim Lernen mehrere Lernkanäle: das Auge, das Ohr, den Mund und die Hand. Das Ansehen und Durchlesen allein reichen nicht aus. Lies Wichtiges laut. Gib Lerntexte in eigenen Worten wieder. Unterstreiche Wichtiges. Schreibe Schlüsselwörter heraus. Fertige Zeichnungen und Skizzen an.

- Lerne nicht zu lange am Stück, sondern lege Pausen ein. Mache nach einer halben Stunde eine Minipause von etwa 5 Minuten, nach ein bis eineinhalb Stunden eine Maxipause von 15 bis 20 Minuten und nach spätestens drei Stunden eine Erholungspause von etwa einer Stunde.
- Lerne ähnliche Fächer (z. B. Englisch und Französisch) nicht unmittelbar aufeinanderfolgend, weil es sonst leicht zu Verwechslungen kommt. Mache entweder eine Pause oder schiebe ein anderes Fach dazwischen.
- Prüfe am Ende einer Lerntätigkeit immer, ob der Lernstoff tatsächlich sitzt. Gib Wichtiges in Stichworten wieder. Beantworte Fragen. Löse Übungsaufgaben. Lass dich abhören.
- Gebrauche bei Merkproblemen Gedächtnisstützen. Verknüpfe den Lerninhalt mit Bildern, fasse die Anfangsbuchstaben wichtiger Begriffe zu einem Merkwort zusammen oder schmiede einen Merkvers.
- Arbeite lange Texte Schritt für Schritt durch. Verschaffe dir zuerst einen Überblick. Überlege dir Fragen, auf die du eine Antwort bekommen möchtest. Lies den Text gründlich. Fasse ihn zusammen. Kontrolliere abschließend, ob deine Fragen beantwortet sind.
- Wiederhole wichtigen Lernstoff in regelmäßigen Abständen. Erleichtere dir das Üben durch eine Lernkartei. Benutze entweder den herkömmlichen Lernkarteikasten oder verwende ein computergestütztes Lernkarteisystem.

20. Fachbezogene Lerntipps kurz und bündig

Lerntipps Deutsch

- Präge dir schwierige Wörter (z.B. Fremdwörter) mehrkanalig ein, indem du sie laut liest, dir innerlich vorstellst und schriftlich aus dem Gedächtnis abrufst.
- Verbessere die Rechtschreibsicherheit durch Techniken wie Ableiten oder Verlängern. Ableiten heißt, dass du danach fragst, woher ein Wort kommt (z.B. fällt von fallen). Verlängern (Hund – Hunde) hilft die Frage zu beantworten, ob im Auslaut ein harter oder weicher Konsonant steht.
- Erleichtere das Merken von Rechtschreibregeln durch Merkverse: Nach l, n, r das merke ja, steht nie tz und nie ck.
- Bist du bezüglich einer Schreibweise unsicher, versuche sie nicht zu erraten, sondern schlage nach.
- Hapert es mit deiner Rechtschreibung, führe auf Grundlage deiner zuletzt geschriebenen Diktate und Aufsätze eine Fehlerstatistik durch. Stelle fest, welche Fehlerarten (z.B. Groß- und Kleinschreibung) besonders häufig vorkommen. Baue deine Fehlerschwerpunkte durch gezieltes Üben und Wiederholen ab.
- Mach dich grammatikalisch fit, indem du ein Verzeichnis gängiger Fachwörter anlegst (Adverb, Präposition, Infinitiv usw.). Lerne Grammatikregeln zusammen mit Beispielsätzen. Greife außerdem Sätze aus bestehenden Texten heraus und überlege, welche Regeln in den Wörtern und im Satz zum Ausdruck kommen. Welche Zeit, welcher Fall usw.?
- Trainiere deinen Stil und deine Ausdrucksfähigkeit durch regelmäßiges Lesen, Briefschreiben, Tagebuchschreiben und den Gebrauch von Synonymwörterbüchern («Wie sagt man noch?»).
- Mache dich mit den Gestaltungs- und Stilregeln der verschiedenen Aufsatzformen vertraut. Lies dafür auch Musteraufsätze.

- Schreibe bei Aufsätzen nicht drauflos. Überlege zuerst, was mit dem Thema gemeint ist. Sammle dann Ideen und erstelle eine Grobgliederung: Einleitung – Hauptteil – Schluss.
- Halte bei einem Text den Stil möglichst durch. Achte auf einen abwechslungsreichen Wortschatz und treffende Wortwahl. Betrachte deine Gliederungspunkte als Hinweise für neue Absätze. Vermeide Bandwurmsätze. Überprüfe während des Niederschreibens immer mal wieder, ob du beim Thema geblieben bist. Sieh den Aufsatz abschließend nach Rechtschreib-, Grammatik- und Ausdrucksfehlern durch.

Lerntipps Fremdsprachen

- Lerne Vokabeln mehrkanalig, indem du sie liest, aussprichst, hörst und schreibst. Lerne sie nicht isoliert, sondern bette sie in kleine Sätze und Ausdrücke ein. Kontrolliere mündlich und schriftlich durch Abdecken einer Spalte. Lerne nicht alle Vokabeln auf einmal, sondern teile sie in Gruppen von jeweils acht bis zehn Stück auf.
- Schreibe schwer merkbare Vokabeln auf Lernkarteikarten. Auf die Vorderseite das fremde, auf die Rückseite das deutsche Wort. Wiederhole sie in regelmäßigen Abständen.
- Übe Grammatik, indem du Sätze aus Texten herausgreifst und überlegst, welche grammatikalische Regel darin zum Ausdruck kommt – schlage im Grammatikbuch nach, ob du damit richtig liegst. Bilde zu grammatikalischen Regeln eigene Beispielsätze.
- Trainiere das Diktatschreiben, indem du dir kleine Texte von anderen diktieren lässt oder selbst diktierst. Letzteres bedeutet, dass du Texte mit langsamem Sprechtempo aufzeichnest, abspielst und schreibst (Selbstdiktat).
- Übe dein Sprachverständnis und Sprachgefühl. Hierzu hast du verschiedene Möglichkeiten: fremdsprachige Bücher lesen und Hörbücher hören, Lieblingssongs übersetzen, fremdsprachige Zeitungen und Zeitschriften lesen, Onlineausgaben fremdsprachiger Zeitungen besuchen, fremdsprachige Filme sehen, sich in der fremden Sprache unterhalten.
- Wenn du einen fremdsprachigen Text ins Deutsche übersetzen musst, schreibe nicht drauflos, sondern erschließe zunächst den Textsinn. Lies den Text und unterstreiche die Hauptaussagen. Bleibe beim Übersetzen am Text- und Wortsinn so nah wie möglich, drücke dich so frei aus wie nötig.

- Fertige nach mehreren Klassenarbeiten eine Fehlerstatistik an. Finde heraus, welche Fehlerarten am häufigsten vorkommen (Satzstellung, Präpositionen, Perfekt, unregelmäßige Verben usw.). Schließe die Lücken mit Hilfe von Trainingsbüchern oder Trainingssoftware.
- Informiere dich über Geschichte, Kultur und Bräuche des jeweiligen Landes. Nutze die Lernchance von Schüleraustausch und Sprachferien.

Lerntipps Mathematik

- Erledige mathematische Hausaufgaben möglichst an dem Tag, an dem sie aufgegeben worden sind, da der Stoff dann noch frisch im Gedächtnis ist.
- Versuche das, was du im Unterricht nicht verstanden hast, dir zunächst einmal selbst begreiflich zu machen. Wiederhole die jeweiligen Musteraufgaben schriftlich und rechne Übungsaufgaben. Lass dir erst dann von anderen weiterhelfen, wenn du den Stoff trotz eigener Bemühungen nicht verstehst.
- Überprüfe immer mal wieder, ob die einfachen Kenntnisse sitzen: Rechenfertigkeiten, Konstruktionsverfahren, Formeln, Merksätze, Abkürzungen.
- Löse Textaufgaben nicht überstürzt. Lies sie vorher genau durch. Stelle dir die Aufgabe genau vor. Mache gegebenenfalls eine Lösungsskizze. Verdeutliche, was gegeben und was gesucht ist. Überlege, welche Rechenverfahren zur Lösung führen können. Rufe bereits gerechnete Aufgaben in Erinnerung. Trenne Haupt- und Nebenrechnungen voneinander. Schreibe sauber und leserlich. Ziehe Linien mit dem Lineal. Hebe Teil- und Endergebnisse hervor. Mache Zwischenkontrollen. Überprüfe das Endergebnis nicht nur rechnerisch, sondern hinterfrage es auch in logischer Hinsicht: Kann das wirklich sein? Schreibe den Antwortsatz.
- Falls deine Leistungen nicht so gut ausfallen, fertige eine Fehlerstatistik an. Stelle auf der Grundlage von einer oder mehreren Klassenarbeiten fest, welche Fehlerarten (z. B. Bruchrechenfehler) am häufigsten vorkommen. Baue die Fehlerschwerpunkte durch gezieltes Wiederholungslernen ab.
- Wende die Mathematik im Alltag an: Wie groß ist die Fläche des Zimmerbodens? Wie viel Zins erbringt meine Spareinlage im Jahr? Wie viel muss ich von meinem Taschengeld monatlich auf die Seite legen, um einen MP3-Player kaufen zu können?

Lerntipps Biologie, Chemie, Physik

- Formuliere schwierige Lehrbuchtexte in eigene Worte um oder verdeutliche sie durch Zeichnungen.
- Vertiefe und ergänze den Lernstoff durch das Nachlesen in Sachbüchern, Lexika und Internetportalen. Füge wichtige neue Informationen deinen Unterrichtsaufzeichnungen hinzu.
- Lege ein Verzeichnis der gängigsten Begriffe, Symbole, Fachwörter und Formeln an.
- Überlege immer wieder, wie sich das, was du im Alltag beobachtest, mit physikalischem, chemischem oder biologischem Wissen erklären lässt.
- Lerne dich in den Namen und Zuordnungen der Tier- und Pflanzenwelt zurechtzufinden. Verwende dazu Bestimmungsbücher.
- Vertraue beim Lösen naturwissenschaftlicher Aufgaben nicht der Rechengröße allein. Vergleiche die errechneten Zahlenwerte mit der Wirklichkeit: Kann das so sein?
- Unterstütze deinen naturwissenschaftlichen Wissenserwerb durch das Arbeiten mit Experimentierkästen. Was du «handelnd» erlernst, wirst du besser verstehen und behalten.
- Besuche technisch-naturwissenschaftliche Ausstellungen, Museen oder Sammlungen. Informiere dich dort gezielt über Themen, die in letzter Zeit im Unterricht behandelt worden sind.
- Achte bei Fernseh-, Hörfunk-, Internet- und Zeitungsberichten auf das, was Bezug zum gegenwärtigen Lernstoff hat. Notiere wichtige Informationen. Lade interessante Webseiten herunter. Schneide informative Zeitungsartikel aus.

Lerntipps Erdkunde, Geschichte, Gemeinschaftskunde

- Erstelle ein Verzeichnis der gängigsten Fachbegriffe und ihrer Definitionen.
- Präge dir gängige Kartenzeichen und Abkürzungen ein, um Karten routiniert benutzen zu können.
- Verbessere dein geografisches Vorstellungsvermögen durch Kartenposter, die du an der Wand deines Arbeitszimmers anbringst.
- Suche in Magazinen, Katalogen etc. nach Länderinformationen. Schneide sie aus und füge sie in dein Erdkundeheft ein.
- Stelle die wichtigsten Ereignisse einer Geschichtsepoche in Form einer Zeitschiene oder Zeittabelle dar.

- Besuche historische Ausstellungen sowie stadt- und regionalge-
  schichtliche Museen.
- Schau dir im Fernsehen historische Filme an. Schreibe wichtige Stichwörter mit. Schlage sie in deinem Lehrbuch oder im Internet nach.
- Vergleiche dein gemeinschaftskundliches Wissen mit dem aktuellen
  politische Geschehen. Lies deshalb regelmäßig die Tageszeitung und
  verfolge die Nachrichtensendungen.

21. Erfolgskontrolle

Liebe Schülerin, lieber Schüler!

Das Buch ist nun zu Ende. Du hast viele Anregungen zum gehirngerechten Lernen erhalten. Wende diejenigen, die dir hilfreich und nützlich erscheinen, beim täglichen Lernen an. Da die Gefahr besteht, dass gute Vorsätze bald vergessen werden, bitte ich dich, nach einem Monat eine Lernkontrolle durchzuführen.

Kreuze ehrlich an, in welchem Maße die folgenden Aussagen auf dich zutreffen. In ihnen kommen die wichtigsten Lernregeln zum Ausdruck.

Versuche dich dort, wo du mit «Trifft weniger zu» oder «Trifft überhaupt nicht zu» geantwortet hast, deutlich zu verbessern. Es wird deinen Schulnoten bestimmt zugutekommen.

Herzlichen Dank für deine Mitarbeit und viel Erfolg beim Lernen!

	Trifft sehr zu	Trifft zu	Trifft weniger zu	Trifft überhaupt nicht zu
1. Ich kann selbstständig lernen, ohne dass meine Eltern mich drängen oder mir drohen müssen.	4	3	2	1
2. Ich vermeide es möglichst, unangenehme Aufgaben vor mir herzuschieben.	4	3	2	1
3. Ich habe über meine Schul- und Freizeittermine eine klare Übersicht.	4	3	2	1
4. Ich schreibe auf, welche Hausaufgaben zu erledigen sind.	4	3	2	1
5. Ich mache meine Hausaufgaben regelmäßig.	4	3	2	1
6. Ich trage angekündigte Klassenarbeiten in einen Terminkalender ein.	4	3	2	1
7. Auf Klassenarbeiten bereite ich mich rechtzeitig vor.	4	3	2	1
8. Wenn viel zu lernen ist, lege ich vorher genau fest, was ich in welcher Reihenfolge anpacke.	4	3	2	1
9. Häufig benötigte Arbeitsmittel liegen an meinem Lernplatz griffbereit.	4	3	2	1
10. Auf meinem Lernplatz liegen nur Lernsachen.	4	3	2	1
11. Wenn ich lerne, ist es leise.	4	3	2	1

	Trifft sehr zu	Trifft zu	Trifft weniger zu	Trifft über- haupt nicht zu
12. Ich lerne nicht zu lange am Stück, sondern lege Pausen ein.	4	3	2	1
13. Ich lerne Vokabeln, indem ich sie laut lese, dann abdecke und schriftlich kontrolliere.	4	3	2	1
14. Aus Lerntexten schreibe ich wichtige Stichwörter heraus.	4	3	2	1
15. Das Einprägen schwer merkbaren Lernstoffes erleichtere ich mir durch Gedächtnisstützen.	4	3	2	1
16. Ich wiederhole wichtigen Lernstoff immer mal wieder.	4	3	2	1
17. Ich vermeide es, ähnliche Fächer unmittelbar aufeinan- derfolgend zu lernen.	4	3	2	1
18. Ich bereite mich auf Mathe- arbeiten vor, indem ich Übungsaufgaben nochmals Schritt für Schritt rechne.	4	3	2	1
19. Schwierige Sachverhalte begreife ich, indem ich sie in eigene Worte übersetze oder eine Zeichnung anfertige.	4	3	2	1
20. Wenn ich etwas nicht verstanden habe, frage oder schlage ich nach, statt es auswendig zu lernen.	4	3	2	1
21. Entdecke ich in einem Fach Wissenslücken, schließe ich sie durch gründliche Wiederholung.	4	3	2	1

	Trifft sehr zu	Trifft zu	Trifft weniger zu	Trifft überhaupt nicht zu
22. Ich kenne die Gestaltungs- und Stilregeln der einzelnen Aufsatzformen.	4	3	2	1
23. Bevor ich mit dem Aufsatz- schreiben beginne, sammle ich Ideen und gliedere sie.	4	3	2	1
24. Grammatik- und Recht- schreibregeln lerne ich nicht auswendig, sondern merke sie mir durch Beispiele.	4	3	2	1
25. Wenn ich mit dem Lernen fertig bin, belohne ich mich durch eine angenehme Tätigkeit.	4	3	2	1

22. Literaturverzeichnis

Duden Allgemeinbildung: Eselsbrücken. Die schönsten Merksätze und ihre Bedeutung. Mannheim: Bibliografisches Institut 2012.

Buzan, T./Buzan, B.: Das Mind-Map-Buch. Die beste Methode zur Steigerung Ihres geistigen Potenzials. München: Münchner Verlagsgruppe 2005 (7. Aufl.).

Carter, R.: Das Gehirn. München: Dorling Kindersley 2010.

Greving, J./Paradies, L.: Referate vorbereiten und halten. Berlin: Cornelsen 2009.

Herschkowitz, N.: Das Gehirn. Wissen, was stimmt. Freiburg, Basel, Wien: Herder 2010 (4. Aufl.).

Hock, B.: Clever lernen. Mannheim: Bibliographisches Institut 2009 (2. Aufl.).

Karsten, G.: Lernen wie ein Weltmeister. Zahlen, Fakten, Vokabeln schneller und effektiver lernen. München: Goldmann 2007 (7. Aufl.).

Keller, G.: Lerntechniken von A bis Z. Infos, Übungen, Tipps. Bern: Huber 2011 (2. Aufl.).

Konrad, M.: Referate halten. München: Compact 2009.

MacDonald, M.: Dein Gehirn. Das fehlende Handbuch. Köln: O'Reilly 2009.

Madeja, M.: Das kleine Buch vom Gehirn. Reiseführer in ein unbekanntes Land. München: Beck 2010.

Metzig, W./Schuster, M.: Lernen zu lernen. Lernstrategien wirkungsvoll einsetzen. Berlin und Heidelberg: Springer 2009 (8. Aufl.).

Spitzer, M.: Lernen. Gehirnforschung und die Schule des Lebens. Heidelberg und Berlin: Spektrum 2006.